MÉMOIRES

DU GÉNÉRAL J. D. FREYTAG.

IMPRIMERIE DE HOCQUET,
RUE DU FAUBOURG MONTMARTRE, N° 4.

MÉMOIRES

DU GÉNÉRAL J. D. FREYTAG,

ANCIEN COMMANDANT DE SINNAMARY ET DE CONAMAMA,
DANS LA GUYANE FRANÇAISE,

CONTENANT

DES DÉTAILS SUR LES DÉPORTÉS DU 18 FRUCTIDOR, A LA GUYANE;
LA RELATION DES PRINCIPAUX ÉVÉNEMENS QUI SE SONT PASSÉS
DANS CETTE COLONIE PENDANT LA RÉVOLUTION, ET UN
PRÉCIS DE LA RETRAITE EFFECTUÉE PAR L'ARRIÈRE-GARDE
DE L'ARMÉE FRANÇAISE EN RUSSIE; SES VOYAGES DANS
DIVERSES PARTIES DE L'AMÉRIQUE, L'HISTOIRE DE SON SÉJOUR
PARMI LES INDIENS DE CE CONTINENT;

ACCOMPAGNÉS

DE NOTES HISTORIQUES, TOPOGRAPHIQUES ET CRITIQUES,

PAR M^r. C. DE B.

TOME PREMIER.

PARIS,
NEPVEU, LIBRAIRE, PASSAGE DES PANORAMAS.

1824.

PRÉFACE DE L'ÉDITEUR.

« *Les condamnés, dites-vous ? Ces* » *Messieurs n'ont pas été jugés. C'est une* » *iniquité que de les avoir envoyés ici* (*). »

Telles furent les paroles qui retentirent jusqu'au fond du cœur des malheureux déportés du 18 fructidor, lorsque, conduits à Sinnamary, où commandait M. le Général Freytag, ils s'attendaient à être livrés à un geolier impitoyable, comme les hommes féroces à la garde desquels ils avaient été confiés depuis leur départ de Paris. Les mémoires du tems les ont rappelées; et les victimes du Directoire, en racontant leurs souffrances, n'ont pas manqué de dire qu'il fut un homme généreux et compâtissant, en qui l'humanité tempéra la rigueur du devoir, et qui aima mieux subir lui-même la disgrâce du pouvoir et l'exil, que de devenir un instrument d'oppression.

(*) Extrait du journal de Ramel.

C'est sous de tels auspices que paraissent les mémoires de cet officier supérieur. Ce que nous venons de rapporter honore tellement son caractère, qu'il y aurait de quoi disposer les lecteurs à la bienveillance, lors bien même que l'ouvrage n'aurait pas tout l'intérêt qu'il nous a paru renfermer. Et, en effet, l'auteur, à travers une vie orageuse, et soumise à tant de vicissitudes, se montre si constamment ami de l'ordre et de la justice; les crimes de la révolution excitent en lui une si vertueuse et naïve indignation; chargé de missions pénibles, il emprunte tellement à sa raison et à son cœur les règles de sa conduite, qu'il serait difficile de ne pas accorder à son livre le sentiment d'estime que l'on ne peut refuser à sa personne.

Mais nous croyons que la lecture de ces mémoires n'intéressera pas moins l'esprit que le cœur. M. le général Freytag a été transporté dans nos colonies, et y a vécu à une époque où quiconque a servi activement s'est vu condamné à une carrière aventureuse, remplie d'incidens extraordinaires, et de ces jeux inattendus, de la fortune, inconstante dans ces climats comme l'élément qui les sépare de la mère-patrie. Il a habité celle de nos possessions d'outre-mer, la plus vaste et la plus curieuse, en ce qu'elle présente la nature primitive dans toute sa majesté; cette Guyane, qui offre à l'observateur tant de richesses et de méditations, et à l'industrie une mine si féconde à exploiter; cette terre si injustement maudite, parce qu'elle fut le tombeau d'illustres victimes. Il a habité au milieu de ces peuplades indigènes, aux yeux desquelles un ordre célèbre avait fait luire la lumière du christianisme et les bienfaits de la civilisation, mais qui, privées de ces guides aussi courageux et patients qu'éclairés, sont retombées dans les ténèbres de la superstition et de la barbarie. Et, à la honte du siècle, il a trouvé parmi ces sauvages hospitaliers, plus d'humanité que dans les hommes qui gouvernaient alors la France. Plus tard, son âme est destinée à éprouver les émotions les plus fortes, lorsque, revêtu du commandement de Conamama, il ne peut accorder qu'une pitié stérile et d'impuissans regrets à ces prêtres infortunés, expirant sous le poids de toutes les misères, et dont le dernier soupir est une prière pour leurs bourreaux.

Voilà plus qu'il ne faut pour exciter la curiosité. L'auteur a joint au récit des événemens politiques, dans lesquels il a été acteur ou témoin, diverses particularités de sa vie privée. Ce sont en général des surprises faites à la bonne foi d'un jeune militaire loyal, confiant et si plein d'honneur, qu'il ne peut croire à la perversité et à l'injustice; ou des actes de générosité, dont il est aussi souvent l'objet que le héros. Au milieu de ces incidens divers, figurent des caractères dessinés avec beaucoup de vérité et qui composent une galerie aussi piquante que variée. Au reste, cette forme donnée à des mémoires, nous paraît la mieux appropriée au goût de la plus grande partie des lecteurs. C'est celle de presque tous les ouvrages de ce genre, publiés sous les règnes de Louis XIV et de Louis XV. Le Comte de Forbin, en donnant le récit de ses combats contre les Impériaux et contre les Turcs, raconte ses amours à Aix et à Marseille, et nous voyons que, plus récemment, les aventures galantes du Duc de Lauzun, précèdent la narration de son expédition au Sénégal et de sa campagne d'Amérique. Les mémoires prennent ainsi tout l'intérêt de l'histoire et tout le charme du roman, et ne perdent rien en empruntant un accessoire léger mais attachant.

L'éditeur de cet ouvrage y a ajouté quelques notes sur la Guyane Française et sur les hommes qui ont laissé des souvenirs dans cette colonie. Parti pour Cayenne, après le traité d'Amiens, avec un bataillon du 8me régiment de ligne dont il faisait partie, il a séjourné deux années dans ce pays qu'il a quitté en le regrettant. Une nature féconde, puissante et variée, des colons généreux, bons et hospitaliers, voilà ce qu'il a trouvé sur un sol qui n'attend que quelques efforts pour enrichir ses habitans et la France des plus précieuses productions. Aussi, n'a-t-il pas craint de défendre la Guyane contre les accusations dont elle a été l'objet, de la part d'hommes que le malheur a rendus injustes, ou qui ont sacrifié la vérité au désir d'intéresser leurs lecteurs. Les préjugés, malheureusement répandus sur la plus belle de nos possessions, ont suspendu les progrès qu'elle devait faire vers une situation florissante; et, à diverses époques, découragé le gouvernement lui-même. Il importe aux intérêts de notre pays que la vérité soit connue; elle ne peut l'être que par ceux qui ont été conduits dans ces climats par le devoir ou par le désir d'étendre le cercle des connaissances humaines. Un lieu d'exil, quel qu'il soit, est la Sibérie pour l'homme qui regrette sa famille et ses foyers. Milon gémissait à Marseille, comme Ovide aux rives du pont Euxin.

L'éditeur a trouvé dans ses souvenirs quelques anecdotes intéressantes, concernant les déportés du 18 fructidor et d'autres hommes, que la tourmente révolutionnaire avait jetés sur ces bords lointains. Arrivé peu de tems après la délivrance de ceux des exilés qui avaient survécu à la plus horrible situation, ses rapports avec les principaux habitans qui s'étaient si honorablement dévoués au soulagement des victimes de l'anarchie, l'ont mis à même de connaître beaucoup de particularités. Il les a consignées dans ses notes, qui forment ainsi le complément de la relation de M. le général Freytag, sans en altérer la touchante simplicité.

C. de B.

AVANT-PROPOS.

Il est, je crois, peu d'hommes qui, après avoir traversé le tourbillon de la révolution Française, ne puissent retracer quelqu'événement remarquable de cette époque, dans lequel ils aient figuré, soit comme acteurs, soit comme témoins. Je suis de ce nombre.

Lorsqu'on a toujours vécu au milieu du tumulte et du mouvement, et que, par des circonstances inattendues, on passe de cette sphère d'activité à un calme presque léthargique, ce contraste spontané ferait de la vie un fardeau insupportable, si l'on ne cherchait à se créer une occupation quelconque pour rompre la monotonie d'une telle existence.

Depuis 1815, je vis dans le repos le plus absolu, et, par un exil volontaire, je m'éloigne de ce qu'on appelle la *Société*. Je ne fréquente ni les assemblées, ni les spectacles, et je me renferme dans un cercle étroit de quelques véritables amis. La lecture, la promenade, la musique, sont mes ressources contre l'ennui. Lorsque je prends le plaisir de la promenade, je cherche de préférence les lieux les plus retirés et les plus solitaires, comme les plus conformes à mon goût pour la retraite. Je me livre alors à une foule de réflexions; je jette un coup-d'œil rétrograde sur le passé; je me distrais en classant dans ma mémoire les événemens singuliers et quelquefois invraisemblables qui ont signalé chaque pas que j'ai fait dans la carrière de la vie. Ce fut dans ces dispositions que je conçus l'idée, par pure distraction, de confier au papier le tableau de quelques années de ma vie cosmopolite.

Dans mon dernier voyage de Cayenne en France, j'avais apporté des documens et des notes fort intéressans sur les différens pays que j'ai parcourus, et notamment sur mon assez long séjour chez les peuples sauvages et sur la déportation à Sinnamary et Conamama, dont j'eus le commandement. Ces documens auraient facilité beaucoup le travail que je me suis décidé à entreprendre : mais, lors de la campagne d'Italie, en me rendant à Marengo, mes effets me furent volés entre Tortone et Voghera. Malheureusement mes notes en faisaient partie, et ce fut cette perte que je regrettai le plus.

J'ai donc été contraint de m'en rapporter entièrement à ma mémoire qui m'a assez bien servi. Les événemens que je retrace dans cet écrit sont pour moi de nature à ne jamais être oubliés, et je puis garantir aux lecteurs la vérité de tout ce que j'y raconte. Les personnages que je cite vivent encore pour la plupart, et ils pourront attester que tous les événemens de cette relation ont été écrits sous la dictée de la conscience la plus scrupuleuse, et si mon ouvrage n'a aucun mérite intrinsèque, il aura du moins celui d'être vrai, qualité assez rare chez les voyageurs qui ont généralement acquis une réputation assez bien méritée.

Lorsque je commençai ce travail, j'étais loin d'avoir la vanité prétentieuse de me faire imprimer. Je n'écrivais que dans l'intention de laisser à mes enfans et à quelques amis le souvenir d'une vie semée d'incidens malheureux. J'étais sûr d'avance que mes mémoires auraient pour eux un degré d'intérêt qu'ils ne sauraient inspirer à un public auquel je suis tout-à-fait étranger.

Un jour, tandis que je travaillais à mon manuscrit (j'en étais alors à mon quatrième cahier) un de mes voisins me fit appeler. Je me rendis à son invitation, et pendant ma courte absence, un de mes amis entra chez moi, en témoignant le désir de me parler. Tout en m'attendant, il examina quelques gravures qui décoraient mon appartement, il s'approcha de mon secrétaire, et jeta les yeux sur le cahier que j'y avais laissé. Il s'en empara, le lut en partie, et au moment où j'entrai, il accourut au-devant de moi, les yeux pétillans de joie : « mais, Monsieur, me dit-il, c'est admirable! vous ne... » Je l'interrompis pour lui reprocher son indiscrète curiosité. — « Pardon, mon ami, il est vrai que j'ai été indiscret ; mais, loin d'en être fâché, je suis enchanté d'avoir surpris une confidence... que votre modestie vous eût sans doute empêché de me faire. J'ose me flatter que vous me donnerez une marque d'amitié en me confiant votre ouvrage : le peu que j'en ai lu, m'a paru si intéressant, que j'ai conçu le plus vif désir de le lire tout entier. Vous connaissez mon amour pour la littérature, mon goût décidé pour la lecture des voyages ; principalement, lorsqu'à l'intérêt des événemens, ils joignent le rare mérite d'être vrais et dégagés de toute exagération. Je vous rendrai promptement votre manuscrit, veuillez me le confier et je vous dirai mon avis avec l'impartialité que vous me connaissez. — L'amitié qui nous lie est trop intime pour que je puisse rien vous refuser ; mais je vous prie, en grâce, de ne le communiquer à personne. Il revint le lendemain, et en me rendant mon manuscrit : » je l'ai parcouru tout entier, me dit-il, avec l'attention la plus scrupuleuse; l'intérêt s'y soutient graduellement jusqu'à la fin, et je vous engage vivement à le relire, afin d'y faire quelques corrections, et relever ces petites fautes qui échappent toujours à une imagination ardente : livrez-le ensuite à l'impression, et ne privez point le public de la lecture d'un ouvrage qui, sans doute, lui plaira autant qu'à moi-même. Comme moi, il passera avec plaisir de l'horreur qu'inspire le caractère de la bouillante Ernestine, au doux intérêt que fait naître l'âme sensible et aimante de votre vertueuse Angélina. Beaucoup de nos Parisiennes se reconnaîtront dans certain côté de l'histoire de Mme D***. Vos longues courses sur mer, vos souffrances, les combats sanglans auxquels vous avez eu une part si active, fixeront toujours l'attention des êtres doués d'une âme sensible. Votre ouvrage est à la portée de tout le monde : le guerrier relira vos combats avec un plaisir toujours nouveau, il admirera le sang-froid et la philantropie qui ont toujours fait la base de votre conduite dans le commandement du lieu de la déportation : le philosophe y trouvera une masse d'observations judicieuses sur les mœurs et les coutumes des sauvages de la Guyane ; bref, le meilleur conseil que je puisse vous donner est de le livrer à l'impression. — Mais, mon ami, lui répondis-je, vous voulez que je fasse au public l'hommage d'une œuvre qui n'a aucun rapport avec la politique d'aujourd'hui, l'essence et la matière première de tous les écrits. Elle a envahi presqu'en entier le domaine de la littérature. D'ailleurs je suis le héros de l'ouvrage, et je crains d'entretenir le public de mes aventures. » Mon ami redoubla ses instances et je cédai enfin à ses pressantes sollicitations. J'ai relu mon manuscrit, je l'ai soumis au jugement de quelques personnes éclairées, qui m'ont toutes engagé à le publier. Je le répète, ce n'est point pour acquérir une réputation littéraire, je sens à cet égard mon insuffisance, que j'ai mis au jour le récit d'une douzaine d'années de ma vie errante ; je n'ai fait que céder aux instances de mes amis. C'est au public maintenant à dire si j'ai eu tort de suivre leurs conseils. J'attends avec tranquillité un jugement que me rendront sans doute favorable le peu de prétentions que j'ai apportées dans la publication de mon ouvrage et la vérité dont je ne me suis jamais écarté.

MÉMOIRES

DU GÉNÉRAL J. D. FREYTAG.

CHAPITRE PREMIER.

Régiment d'Alsace. — Voyage de Varennes. — Mouvemens révolutionnaires- — Départ du corps pour Port-Louis. — Embarquement ; on met à la voile pour Cayenne.

Je ferai grâce au lecteur de la généalogie de ma famille, ainsi que des détails de mon enfance et de mon éducation, et je le transporterai tout d'un coup à l'année 1780, époque à laquelle j'atteignais ma quatorzième année. J'entrai au service dans le régiment d'Alsace, en qualité de volontaire cadet. Au bout de quelque tems, ma bonne conduite, mon zèle pour la discipline et mon activité, me valurent le grade de capitaine.

La belle tenue de notre corps, les preuves sincères d'attachement au Roi qu'il ne cessa de donner, lui acquirent le triste et inutile avantage de faire partie des troupes qui, en 1791, furent destinées à protéger la fuite du Roi Louis XVI. On nous plaça, à cet effet, dans les bois de Rocroi. Le jour où nous attendions l'arrivée de notre infortuné monarque, nous apprîmes, avec le sentiment de la plus vive douleur, son arrestation à Varennes. Après la consommation de cet acte de violence, on nous renvoya dans nos garnisons respectives.

De tout tems, notre régiment avait été composé de deux tiers d'Alsaciens et d'un tiers d'étrangers ; aussi fûmes-nous fort surpris de recevoir de Paris un nombre considérable de recrues. Notre étonnement était d'autant plus naturel, que tous les actes et commandemens se faisaient en allemand et que fort peu d'entre nous connaissaient la langue française. Bientôt on nous intima l'ordre formel de cesser le commandement allemand et d'adopter la langue française, pour tout ce qui serait relatif au service. Bientôt aussi les intentions secrètes des nouveaux venus nous furent dévoilées. Ils ouvrirent des clubs, établirent des listes de proscription pour le renvoi des officiers dont les sentimens contrariaient leurs idées de bouleversement et de désordre. Ils n'oublièrent rien pour opérer une révolution dans le régiment ; mais la fidélité de nos braves Alsaciens fut toujours inébranlable, et ce fut en vain qu'ils mirent en jeu tous les ressorts de leur imagination dépravée pour séduire les soldats. Malgré l'adresse de leurs insinuations perfides et le mystère dont ils s'enveloppaient, on découvrit leurs menées. Les plus mutins furent honteusement chassés du régiment. Ils se rendirent à Paris et le corps entier fut dénoncé comme entaché d'aristocratie. Tout gouvernement, lorsqu'il est illégitime, est craintif et ombrageux; il élague tout ce qui pourrait désabuser un peuple à l'erreur ou aux passions duquel il doit son existence éphémère. Aussi accueillit-on avec avidité les délations de quelques misérables et nous fûmes destinés à passer à Cayenne, en Amérique. En conséquence, nous partîmes de Givet pour Cambray. Un certain nombre de nos officiers étaient partis de cette première ville pour Coblentz. On me proposa de suivre leur exemple; mais, auparavant, je crus devoir m'en ouvrir à mon frère, qui servait dans le même régiment. « Une démarche aussi inconsidérée, me répondit-il, ferait le plus grand tort à nos parens, et surtout à notre père, en sa qualité d'officier supérieur. Le gouvernement punirait en lui les fautes de ses enfans, et quels reproches n'aurions-nous pas à nous faire, si nous étions les auteurs de sa disgrâce ? Calcule bien toute l'importance de la chose ; crois-moi, attendons l'événement avant de prendre inconsidérément une décision hazardeuse ». La réponse de mon frère était trop sensée pour que je ne suivisse point ses conseils ; je consentis à attendre un meilleur ordre de choses.

A peine arrivés à Cambray, on mit en œuvre tous les moyens possibles pour nous faire embrasser le nouveau systême. L'inutilité de ces efforts convainquit les désorganisateurs de notre incorruptibilité et, pour se débarrasser de nous, le plutôt possible, on accéléra notre départ pour le Port-Louis, où nous devions nous embarquer pour notre terre d'exil. Avant que toutes les affaires, que nécessite toujours un embarquement, fussent achevées, nous allions faire nos achats à Lorient. Cette ville était alors occupée par le régiment de la Reine, infanterie, qui, imbu des principes révolutionnaires, portait jusqu'à la frénésie son amour pour le nouveau régime. A peine s'aperçut-on, de part et d'autre, de la divergence des sentimens, que le conflit de ces opinions produisit une foule de rixes particulières et donna naissance à mille désordres. Le maintien de la discipline exigea des mesures de répression, et nos soldats ne se rendirent plus à Lorient, sans être accompagnés d'officiers et de sous-officiers. Ces sages précautions furent inutiles; la haine et l'exaspération étaient au comble; les duels se multipliaient d'une manière effrayante, et le sang coulait au point que la garnison et la garde nationale, prenant les armes, arrêtèrent tous ceux qui appartenaient au régiment d'Alsace, pour les faire embarquer sur-le-champ. Je serais un ingrat, si je ne payais ici un tribut d'éloges à M. le général Canclaux. Ce fut ce digne militaire qui, au péril même de sa vie, empêcha le massacre inévitable de tous les Alsaciens qui étaient ce jour-là à Lorient. Je saisis cette occasion de lui prouver ma reconnaissance, avec d'autant plus de plaisir, que je lui suis moi-même redevable de la vie. Un boucher, faisant partie de la garde nationale, les manches de la chemise retroussées jusqu'au coude, et ayant cet air hideux que donne toujours le fanatisme, allait m'enfoncer sa bayonnette dans les reins, lorsque le général de Canclaux, par un mouvement rapide, me préserva du coup mortel : « Embarquez-vous » de suite, me dit-il, et rappelez-vous que vous » me devez la vie ».

Le lendemain, nous reçûmes l'ordre de nous embarquer de suite sur les frégates la *Nymphe* et le *Dromadaire*. Ces vaisseaux n'étaient nullement en état de faire un voyage d'un aussi long cours. Nous fûmes obligés de rester en rade, à bord de ces vaisseaux, pendant six semaines qu'on employa à les radouber. Il était expressément défendu d'aller à terre, sous quelque prétexte que ce fût; nous avions sur cet article les ordres les plus sévères. Nous étions déjà en proie à tous les désagrémens d'une traversée, avant même de l'avoir entreprise. Afin de nous affranchir bientôt d'une situation aussi pénible, nos soldats se prêtaient à tous les travaux, et accéléraient, à force de bras, le moment du départ.

Ce jour tant desiré arriva enfin; ce fut un jour de fête. Chacun croyait sortir d'un long esclavage et ne calculait pas que cet état de choses devait durer encore trois mois : mais c'était un mouvement qui s'opérait sur les vaisseaux; c'était un changement de position physique, et l'imagination, toujours prompte à se créer des illusions, ne voyait dans ce départ que le commencement d'un bonheur certain.

L'ancre est enfin levée; les vents propices enflent nos voiles, et, pour gagner la haute mer, nous passâmes sous les batteries du fort Louis. Les oisifs et les curieux bordaient les forts et les batteries pour nous voir partir. A peine fûmes-nous arrivés sous leurs yeux, que tous les officiers et les soldats déployèrent des mouchoirs blancs, et, du bord des trois vaisseaux, on entendit les cris unanimes et spontanés de *vive le Roi! vive la France!*

Les canonniers garde-côtes se portèrent, avec fureur, sur leurs batteries, et nous envoyèrent des boulets rouges. Aucun ne nous atteignit et, grâces au vent favorable qui enflait nos voiles, nous fûmes bientôt hors de leurs regards : c'est ainsi que nous quittâmes notre patrie au mois de juillet 1792.

CHAPITRE II.

Relâche à la côte d'Afrique. — Traite des blancs par les Hollandais. — Théodore Armand. — Arrivée à Cayenne. — Aspect du pays. — Nègres forçats. — Approuague. — Iracoubo. — Indiens Galibis.

Après quinze jours de navigation, notre division fut dispersée par un coup de vent qui nous jetta sur la côte d'Afrique. Nous entrâmes dans la baye de San-Iago, et mouillâmes à environ 150 toises d'un vaisseau Hollandais dont la destination était Batavia. Il avait à son bord un certain nombre d'hommes, de toutes les nations, destinés à être employés aux travaux les plus pénibles de ce pays-là.

Ces malheuréux étaient tous embarqués de force. Il y avait alors, dans les grandes villes de la Hollande, une certaine quantité de misérables, espèce de recruteurs, dont l'extérieur annonçait toujours l'opulence ; ils avaient le funeste talent de deviner, soit par le costume,

soit par la physionomie, de quel pays était tel
ou tel étranger. Aussitôt ils l'abordaient, lui
parlaient son langage, feignaient de connaître
ou lui ou sa famille, etc. On lui faisait mille
démonstrations d'amitié, et, en dernier lieu,
on l'invitait à dîner : il était conduit dans une
de ces maisons destinées à cet infâme trafic. Ces
malheureux, pleins de confiance en ces embau-
cheurs, buvaient, sans méfiance, la liqueur traî-
tresse dont les effets devaient être si funestes
pour eux. Elle renfermait des substances sopo-
rifiques qui les plongeaient dans un engourdissement léthargique. On profitait de leur état
d'anéantissement pour les transporter sur un
vaisseau. Qu'on se fasse une idée du réveil de
ces infortunés! la veille encore, ils jouissaient de
tous les agrémens de la vie et, aujourd'hui, les
mains chargées de chaînes pesantes, il leur est
même défendu de prononcer le mot de liberté.
Ils demeuraient dans ce cruel état jusqu'à ce que
le nombre en fût suffisant, et on les transportait
à Batavia. Malgré les malheurs qui pesaient alors
sur ma patrie, je me félicitais de ce qu'elle
n'avait point à se reprocher un tel excès de barbarie. Calculer ainsi de sang-froid le malheur
éternel d'une foule d'êtres nés pour un meilleur
sort, me paraît être le comble de la scélératesse

et, cependant, cet affreux arbitraire était toléré par une nation civilisée.

La troisième nuit de notre mouillage, des cris faibles et plaintifs, appelant au secours, vinrent frapper nos oreilles. Toutes les personnes, qui veillaient à bord, portèrent leurs regards sur la mer, et nous apperçûmes plusieurs hommes luttant contre les flots et cherchant à atteindre notre vaisseau. Nous nous empressâmes de leur porter du secours, des amarres furent jettées à la mer ; et, malgré nos efforts, trois seulement furent arrachés à la mort qui les menaçait : c'étaient deux Suisses et un Français, natif de Paris.

Le reste de ces malheureux, ayant épuisé leurs forces en efforts impuissans, disparurent et périrent dans les flots. Ce ne fut qu'après trois heures de soins et de secours, que les trois personnes que nous venions d'arracher à un danger si imminent, reprirent connaissance, et le Français seul recouvra assez de forces pour nous mettre au fait de l'événement. Il nous apprit que, comptant sur cette humanité dont les Français ont toujours fait profession, quinze d'entre ces étrangers qu'on entraînait à Batavia, s'étaient jettés à la mer pour gagner notre bord, dans la persuasion qu'ils seraient accueillis sans difficulté. Lorsqu'il eut achevé sa narration, et qu'il apprit que douze de ses camarades avaient succombé d'épuisement et de faiblesse, il versa sur leur sort un torrent de larmes, et l'on essaya en vain de le consoler de leur perte.

Le commandant de notre vaisseau, persuadé que le capitaine Hollandais viendrait nous réclamer ses déserteurs et faire, à cet effet, des perquisitions sur notre bord, fit embarquer ces trois malheureux dans une chaloupe, et les envoya à terre, sous la surveillance spéciale d'un officier et de quelques soldats.

Comme on l'avait prévu, le capitaine Hollandais vint à bord le matin, et demanda à notre commandant, avec beaucoup d'arrogance, les quinze déserteurs qui, disait-il, ne pouvaient être que dans notre vaisseau. « Cherchez vous-même à les reconnaître, lui répondit notre commandant, avec un sang-froid dédaigneux, je vous autorise à faire la visite de mon bord. » A ces mots, le Hollandais parcourut le pont ; mais, à peine eut-il apperçu une aussi grande quantité de monde (nous étions au nombre de quatre cents hommes de troupes, sans y comprendre l'équipage, et le hasard voulut que, dans cet instant, nous fussions tous sur le pont) ; à peine, dis-je, eut-il apperçu tout ce monde :

« Je vois, dit-il, que vous n'avez pas besoin de renfort. » Tout en disant ces mots, il prit congé de notre commandant, qui le reconduisit toujours avec le même sang-froid. Le lendemain, il mit à la voile, et poursuivit sa route pour Batavia, ayant encore une cargaison de cinquante-sept esclaves blancs.

Lorsqu'on eut perdu de vue le vaisseau Hollandais, on envoya chercher la chaloupe, et l'officier nous apprit que l'un des deux Suisses avait refusé de s'embarquer, et qu'il s'était avancé vers l'intérieur des terres, dans l'intention de vivre avec les Nègres : le Français et l'autre Suisse remontèrent à bord, et nous accablèrent de remercîmens.

Cette partie des côtes d'Afrique est très-abondante en poissons; et la mer en est tellement couverte, que les matelots et les soldats en prenaient une quantité prodigieuse, même en employant les procédés les plus simples.

Bientôt nous fûmes menacés de la peste, et nous nous hâtâmes de gagner le large. Nous partîmes par un temps magnifique, et nous avions le vent en pouppe. Au bout de quelques jours, le chagrin d'avoir perdu son camarade, altéra la santé du Suisse, et il expira, peu après, de regret et de douleur. Théodore Armand, c'était le nom du Français, avait reçu une éducation distinguée; il joignait à beaucoup d'instruction, une modestie et une affabilité qui lui concilièrent l'estime et l'amitié de ceux qui l'entouraient. Les officiers de marine le prirent en affection et lui démontrèrent la théorie et la pratique de leur état. Son amour pour le travail et sa rare intelligence, lui applanirent toutes les difficultés de cette profession et, en peu de tems, l'écolier égala ses maîtres. J'ai su depuis qu'il avait fait plusieurs campagnes, dans lesquelles il avait développé des talens comme officier, et manifesté une bravoure à toute épreuve. La mort, qui ne respecte ni les talens, ni la valeur, le frappa au combat de Trafalgar. Cet estimable jeune homme eut le courage de se soustraire à un esclavage honteux, pour venir chercher une mort glorieuse, en combattant les ennemis de la patrie. Je regrette d'autant plus vivement sa perte, que, par ses heureuses dispositions et par sa bravoure, il aurait pu rendre à l'Etat des services importans.

Après trente-cinq jours de navigation, pendant lesquels il ne se passa rien de remarquable, nous arrivâmes à la vue de Cayenne. Nous mouillâmes auprès d'un rocher qu'on appelle l'Enfant-Perdu, à trois lieues en mer [1]. Les bâtimens de haut bord ne peuvent entrer dans la rivière que pendant les hautes marées, à cause de la grande quantité de vase qu'elle dépose à son embouchure, et ils sont obligés de faire, auprès de ce rocher, une station pour attendre le flot. On vint nous chercher dans de petites goëlettes, construites exprès pour la navigation de cette côte. J'appris, avec un plaisir infini, que la frégate, *la Nymphe*, sur laquelle était monté mon frère, et la corvette *l'Hirondelle*, étaient arrivées depuis dix jours.

Lorsque nous débarquâmes sur le port de Cayenne, je fus frappé d'étonnement à l'aspect de la population. Les blancs, maigres, pâles et livides, n'avaient plus de l'homme que l'apparence ; d'un autre côté, les nègres galériens, m'offraient un tableau non moins effrayant. Ils travaillaient dans le port, tout nuds, enchaînés et accouplés deux à deux ; plusieurs avaient les fesses couturées et encore sanglantes par les coups de fouet qu'on leur prodigue journellement.

Le commandeur de ces forçats est aussi un nègre, mais il semble qu'on ait choisi l'être le plus féroce et le plus barbare ; il tenait à la main le redoutable fouet, le bras levé, et toujours prêt à frapper le malheureux qui faisait un mouvement qui n'eut pas de rapport avec son ouvrage. D'un côté, l'état toujours valétudinaire des blancs ; de l'autre, les traitemens affreux qu'on faisait subir à ces noirs; l'aspect de cette bourgade, qui a usurpé le nom de ville, et qui se compose de chétives maisons, construites en bois, et avec des fenêtres sans vitres ; la vue de ces hommes et de ces femmes presque entièrement nuds, et de toutes les nuances du blanc et du noir ; l'étrangeté, pour un Européen ; du langage, des habitudes et de tout ce qui frappe les sens, me remplirent de tristesse et de douleur. Grand Dieu ! m'écriai-je, quels funestes lieux a-t-on choisis pour notre exil ? est-ce bien ici que nous devons végéter pendant trois mortelles années ? Ces tristes réflexions m'auraient sans doute plongé dans un sombre désespoir, si la bienfaisante espérance ne fût venue à mon secours, et n'eût répandu dans mon âme son baume consolateur. Dans l'intervalle de trois ans, me disais-je, il peut arriver bien des événemens, et peut-être la Providence nous arrachera-t-elle de cette terre de désolation, avant que ce tems ne soit expiré. Mais, hélas ! mon imagination se berçait d'idées chimériques ; il s'opéra, en effet, de grands changemens, mais ils n'influèrent en rien sur notre destinée. Beaucoup d'années se passèrent et on ne songea aucunement à nous rappeler dans notre patrie (2).

Je séjournai environ un mois à Cayenne et je m'embarquai ensuite avec un détachement de cinquante hommes, pour me rendre à Approuague, dans la rivière de ce nom, à 40 lieues au vent du chef-lieu de la colonie. A mon arrivée, je pris connaissance du poste et des environs.

Mes soldats n'étaient point encore habitués à leur nouvelle nourriture, qui consistait en une ration de viande salée et de riz; c'est pourquoi ils me demandèrent la permission de se dédommager de cet inconvénient, en se livrant à l'exercice de la chasse. A cette époque, j'étais aussi ignorant qu'eux sur cet article, et je n'avais aucune connaissance des difficultés et des dangers de la chasse dans un pays rempli de marécages et de bêtes féroces. Je me fis un plaisir de leur accorder cette permission. Sur six, quatre seulement revinrent sans avoir éprouvé aucun accident; les deux autres avaient été dévorés, l'un par un tigre rouge et l'autre s'étant enfoncé dans la vase, devint la proie d'un caïman ou crocodile, à la vue même de ses camarades qui, dans la crainte de partager son sort, ne purent lui porter aucun secours. Néanmoins ils tirèrent sur cet animal quelques coups de fusil à une distance assez rapprochée ; mais les balles venaient s'amortir sur ses écailles, ou glissaient le long de ses anneaux [3].

Cette partie de la Guyane étant extrêmement malsaine, les détachemens furent relevés tous les mois, et pendant mon séjour dans cette contrée, la maladie m'enleva six hommes.

De retour au chef-lieu, je fus nommé au commandement d'Iracoubo, sur la côte, à 36 lieues sous le vent de Cayenne. Les cantons et rivières de Manna et de Conamana, jusqu'à Marony, étaient sous mes ordres. Dans cette partie de la colonie, les habitans sont très-clair-semés ; les plus rapprochés sont à 5 ou 6 lieues de distance les uns des autres [4]. Ce pays était aussi habité par des sauvages avec lesquels je parvins à établir des relations, et mes soldats et moi vivions avec ces Indiens dans la meilleure intelligence.

Il y en avait toujours une trentaine autour de mon habitation, qui me fournissaient en abondance du poisson et des tortues de mer et de terre. Je leur donnais en échange du taffia, espèce d'eau-de-vie faite avec de la canne à sucre. Leur plaisir le plus vif était de s'enivrer avec cette liqueur et, ce qu'il y a de surprenant, c'est que cette passion était autant celle des femmes et des enfans, que des hommes.

Ces sauvages, qu'on nomme Galibis, ne demeurent pas long-tems dans le même endroit. Tous les mois, au renouvellement de la lune, ils quittent leurs habitations pour se transporter dans un autre canton, de sorte que ce sont de véritables tribus nomades. Lorsqu'ils sont en route, ils marchent les uns derrière les autres ; les hommes ne portent exclusivement que leur arc et leurs flèches ; les femmes marchent derrière eux et portent leurs enfans ainsi que les ustensiles du ménage. Depuis deux ans que je vivais parmi ces peuplades, mes procédés à leur égard m'avaient acquis leur confiance et leur amitié ; leurs chefs surtout avaient pour moi une prédilection particulière ; j'avais assez bien appris leur langage et adopté leurs usages, à l'exception cependant de la manière de vivre. A cette époque, j'avais encore la possibilité de faire cuire et assaisonner ma subsistance, et ces sauvages ne connaissaient l'usage ni du beurre ni du sel, ni de toutes les choses dont nous nous servons dans notre cuisine.

Je leur rendais tous les services possibles pour m'insinuer de plus en plus dans leurs bonnes grâces ; aussi je regorgeais de viande salée, de manioc (*) et de taffia. Malgré l'intérêt qu'ils me témoignaient, je crois que la reconnaissance est pour eux un sentiment tout-à-fait inconnu. Il m'est souvent arrivé de rencontrer sur ma route des sauvages que je connaissais très-particulièrement ; ils passaient à mes côtés sans m'adresser une seule parole, sans même me regarder, comme si j'étais pour eux un étranger.

Cependant on n'a jamais rien à craindre de leur rencontre ; ils sont au contraire toujours prêts à rendre service aux blancs ; il n'en est pas de mêmes des nègres pour lesquels ils ont une aversion insurmontable. Mais, sans leur faire aucun mal, ils se contentent de les haïr.

(*) Le Manioc est une racine de 8 à 10 pouces de circonférence. Après l'avoir retirée de la terre et l'avoir râpée, les Sauvages l'introduisent dans un cylindre d'osier fait en forme de couleuvre, dans lequel ils le pressent fortement pour en tirer le jus qui est un poison extrêmement subtil. Lorsqu'il est entièrement purgé de ce principe malfaisant et qu'il ne reste plus que la farine, on retire le Manioc de la couleuvre et on l'étend sur des platines pour le faire sécher. Ces préparatifs terminés, on le réduit en farine, alors il prend le nom de Couaque: ou bien on en fait une pâte fort mince, dans ce dernier cas il prend le nom de Cassave ; mais malgré cette différence de noms, le goût en est absolument le même.

Note de l'Auteur.

CHAPITRE III.

Arrivée d'un Commissaire civil. — Nouveau régime introduit dans la Colonie. — Nègres marrons. — Expédition dans les forêts de la Guyane. — Rencontre de tribus d'Indiens.

PENDANT mon absence de Cayenne, il arriva de France un commissaire civil qui venait remplacer le gouverneur, M. d'Alais. Ce nouvel agent du gouvernement se nommait M. Jeannet. Il fit proclamer sur-le-champ la république et promulguer les lois nouvelles. Comme l'invariabilité de mes principes était connue, et qu'il s'agissait de changer l'opinion de la troupe et des habitans de la colonie, on me fit remplacer à Iracoubo, par un officier qui me mit au fait des changemens opérés dans la politique, depuis l'arrivée du commissaire civil. Il me conseilla de ne point heurter de front cette nouvelle autorité, et de me soumettre au nouvel ordre de choses, si je ne voulais partager la destinée malheureuse des capitaines de Reinach, de Coë-

horn (*), Hundheim, des deux frères Coupell-
mayer et Louisenthal, qui venaient d'être ren-
voyés en France pour y être jugés selon toute
la rigueur des lois. Il ajouta que la guillotine
promenait la mort dans toute la France, et que
le moindre délit politique y était puni de la
peine capitale.

Nous apprîmes en effet qu'un an après leur
départ de Cayenne, MM. de Louisenthal, de
Reinach et Hundheim avaient été décapités, le
premier au Port-Louis et les deux autres à
Rennes. Les autres n'échappèrent à la hache
fatale que par un miracle.

Je n'avais pour toute fortune que mon épée,
et je n'avais point à balancer sur le parti que
je devais prendre.

Je pris congé de mon camarade et m'embarquai pour Cayenne. Quoique prévenu de tout
ce qui s'était passé, le nouveau langage de mes
chefs et de mes amis ne laissa pas que de m'ins-

(*) Le capitaine de Coëhorn, à son arrivée en France, eut
l'adresse de se soustraire à la mort et s'engagea comme simple
volontaire dans les troupes de la république. Son extrême
bravoure et ses talens militaires l'élevèrent jusqu'au grade de
Général. J'eus depuis l'occasion de le revoir, et il fut malheureusement du nombre de ceux qui perdirent la vie à la bataille de Liepsick.

Note de l'Auteur.

pirer un sentiment de tristesse mêlé d'étonnement.

M. de Cointet, commandant le bataillon, me présenta à Jeannet, chef suprême de la colonie, qui, après les premiers complimens, m'adressa le discours suivant :

« Vous venez de loin, mon ami, et vous ne
» pouvez connaître les événemens qui viennent
» de se succéder avec tant de rapidité. Je suis
» bien aise de vous en donner moi-même con-
» naissance. Je ne vous connais point encore,
» néanmoins je ressens pour vous de l'amitié.
» Les rapports de vos chefs, qui sont tous à votre
» louange, m'ont appris que vous avez tou-
» jours servi avec distinction ; mais, dans les
» circonstances actuelles, l'opinion dont vous
» paraissez ne pas vouloir vous départir, est
» intempestive. Louis XVI a porté sa tête sur
» l'échafaud et, avec son règne, s'est éteint
» celui de l'aristocratie. La France s'est érigée
» en république, et je suis envoyé par elle pour
» la représenter. J'ai voulu ramener, par les
» voies de la douceur, quelques-uns de vos amis
» à des sentimens plus conformes au nouvel
» ordre de choses ; tous mes efforts ont échoué
» contre leur opiniâtre constance. Je leur ai mis
» sous les yeux le danger inévitable auquel ils

» allaient s'exposer, s'il me contraignaient à les
» renvoyer en France, et, malgré la certitude
» d'une mort prochaine, leur fermeté a tou-
» jours été inébranlable. J'ai été contraint de
» les faire embarquer; c'est avec le plus vif re-
» gret que j'en ai donné l'ordre; mais la pitié,
» l'humanité même doivent se taire devant le
» devoir. Votre frère, avec lequel j'ai déjà fait
» connaissance, est un très-estimable officier;
» vous jouissez de la même réputation, conti-
» nuez à faire votre devoir avec la même exac-
» titude; servez toujours bien, si vous voulez
» que nous soyons amis. »

Au sortir de chez le gouverneur, je me tour-
nai vers le commandant avec lequel j'étais uni
par une étroite amitié; « eh! quoi! lui dis-je,
Louis XVI n'est plus!... Les Français ont pu
souiller les belles pages de leur histoire d'un
régicide! Quelle puissance infernale a donc fas-
ciné leurs yeux et armé leurs bras homicides! »
J'allais soulager mon cœur trop long-tems com-
primé par la présence du gouverneur, lorsque
mon ami m'imposa silence. « Tu cours à ta
perte, me dit-il, si tu ne cesses des plaintes que
les circonstances rendent séditieuses. Comme
toi j'ai déploré le funeste aveuglement de mes
compatriotes, j'ai versé des larmes sur l'injuste

destinée de notre Roi; mais je les ai cachées à tous les yeux, et j'ai concentré en moi-même toutes mes affections douloureuses. Suis mon exemple; aucun sacrifice ne saurait lui rendre ni la vie ni le trône, et notre mort, sans produire aucun fruit, ne ferait qu'ajouter au triomphe des destructeurs de la légitimité. »

« Vos réflexions sont judicieuses, lui répondis-je, mais M. Jeannet m'a dit que notre patrie s'était constituée en république. De quel intérêt peut être pour nous cette prétendue amélioration dans le gouvernement, pour nous qu'un intervalle de deux mille lieues semble séparer à jamais de la France? Lorsque je parcours les annales de cette célèbre maîtresse du monde, de la belliqueuse Rome, je me sens électrisé au récit des glorieux faits d'armes de ces fiers républicains; il me semble que la valeur, qui jadis les anima, se communique à mon ame ardente, et je considère avec indignation la coupable oisiveté à laquelle je me vois condamné. Je cours de ce pas chez le gouverneur, et vais solliciter de lui la permission de m'embarquer sur le premier vaisseau qu'on expédiera pour la France. — Que vas-tu faire, malheureux? me dit mon ami, la défiance soupçonneuse de ceux qui ont usurpé le pouvoir ne verra dans cette démarche imprudente que l'intention de t'unir aux ennemis de la république, et ta perte serait inévitable. D'ailleurs, cette guerre ne sera pas de longue durée, et j'ai lieu d'espérer que nous aurons aussi notre part de gloire. Attendons patiemment la suite de ces événemens et mettons la plus grande circonspection dans nos actions et dans nos discours. »

A cette époque circulaient déjà des bruits sourds sur la liberté des nègres. Ils désertaient en grand nombre leurs habitations, formaient des bandes et se retiraient dans les bois où ils vivaient comme de véritables sauvages. Ces nègres marrons (c'est ainsi qu'on appelle dans les colonies les nègres qui abandonnent leurs maîtres) dans leur férocité, mangeaient quelquefois leurs semblables. J'en ai vu un, entr'autres, qui venait se remettre au pouvoir de son maître après s'être enfui d'une de ces bandes. Son corps était tout meurtri des coups qu'il avait reçus, pour avoir osé se plaindre, et même se disputer avec ses camarades : l'effroyable sujet de ses plaintes était l'injustice dont on usait à son égard, lors du partage de la chair humaine; on semblait à dessein ne lui donner que de la tête. [5]

Sur les indications de ce nègre, et sur celles de plusieurs autres qui étaient également rentrés chez leurs maîtres, il fut décidé qu'on enverrait des détachemens de troupes pour dissiper ou détruire ces bandes. Ce fut moi que l'on chargea de cette mission et, avec cent hommes de mon bataillon, je me dirigeai vers le canton de Macouria : c'était, dit-on, le point central où se rassemblaient ces antropophages, pour piller pendant la nuit les habitations et enlever les nègres et les négresses qui servaient d'aliment à leur voracité.

Pour me servir de guides dans ces chemins et dans ces bois qui m'étaient tout-à-fait inconnus, on m'avait donné un mulâtre et un Indien : en outre toutes les habitations qui étaient sur mon passage avaient reçu l'ordre de fournir des vivres à ma troupe. Après une marche forcée de douze heures, un de mes guides (le mulâtre) succombant presque de fatigue et incapable de supporter davantage une marche aussi longue dans des sables brûlans, refusa d'aller plus loin, et nous le laissâmes derrière nous. L'Indien, à qui je me plaignais de la perte de ce guide, m'assura que son secours nous aurait été inutile, qu'il était lui-même né dans le pays, qu'il le connaissait parfaitement et qu'il allait nous conduire aux endroits mêmes où les nègres marrons avaient leur campement.

Cependant nous marchions toujours et nous ne faisions aucune rencontre. Le troisième jour, je témoignai mon mécontentement à l'Indien qui m'assura qu'avant le lever de la lune nous les rencontrerions. Effectivement, après avoir traversé avec la plus grande difficulté un bois extrêmement épais, nous aperçûmes dans une plaine un rassemblement d'environ cinq ou six cents hommes. Quelle fut notre surprise, lorsqu'en avançant nous ne vîmes que des Indiens! Mon guide qui avait été témoin de mon étonnement: « bannis toute crainte, me dit-il, tu vas parler tout à l'heure à notre Poto (chef). » Ce Poto se nommait Mayoupa, et je l'avais beaucoup connu à Iracoubo. Lorsque je fus auprès de lui, je lui demandai s'il ne pourrait me donner quelques renseignemens sur les bandes de nègres marrons qui infestaient le canton de Macouria. « Non, me répondit-il avec cette indifférence qui les caractérise ; mais les armes à feu et ta troupe peuvent m'être d'un grand secours. Nous sommes, comme tu peux le voir, douze tribus d'Indiens ; nos arcs, nos flèches et nos boutous (casse-tête) sont nos seules armes. Nous allons être attaqués par les Caraïbes demain au lever du soleil. C'est de cette montagne, que tu vois devant nous, qu'ils doivent venir ; je les attends ; avec ta troupe et tes armes nous les aurons bientôt exterminés. »

Je lui fis observer que l'objet de ma mission n'était point de combattre les Caraïbes, mais bien de poursuivre les nègres marrons ; qu'en conséquence je le rendais responsable, envers le gouverneur de Cayenne, de la conduite qu'il tiendrait en cette circonstance. — « Je ne connais pas ton gouverneur, me répondit-il, il ne m'a point encore fait de présens ; il est blanc, il est d'un autre monde ; moi je suis Indien et libre ; et si tu fais le moindre mouvement pour t'en aller, je te fais déchirer toi et les tiens par mes Indiens qui seront tous prêts au premier coup de hou-hou (*).

Malgré ces menaces, je savais bien qu'un seul coup de fusil mettrait en fuite toutes ces tribus et leur chef, mais les ordres les plus sévères défendaient aux troupes ainsi qu'aux habitans de la colonie, de jamais faire le moindre mal aux naturels du pays sous quelque prétexte que ce pût être. Nous devions, au contraire, leur témoigner de l'amitié, et les protéger en cas de besoin. Ma position était fort embarrassante, il

---

(*) Le Hou-hou est un morceau de bois creusé, qui fait un bruit épouvantable quand on crie dedans.

Note de l'Auteur.

était urgent d'agir avec beaucoup de prudence et de circonspection; il fallait même recourir à quelque stratagême pour se tirer d'un pas aussi glissant : ne pouvant faire mieux, je consentis à rester. Le Poto Mayoupa m'accabla de démonstrations d'amitié et de joie, et fit distribuer à ma troupe de la viande d'un gros gibier nommé maïpouri (*).

Je ne manquai pas de parler de cette liqueur divine qui, pour eux, est le *nec plus ultrà* des boissons. Au mot de taffia! je lus dans les yeux du Poto et de ses acolytes le plus vif désir d'en avoir. Aussitôt je demandai à Mayoupa la permission d'envoyer huit de mes hommes à la sucrerie de Mme Dallemand, distante d'environ cinq lieues, pour nous apporter huit dame-jeannes de taffia.

Mon intention était de donner à l'un de ces huit soldats les instructions nécessaires pour informer le plus tôt possible le gouverneur de l'embarras de ma position, afin qu'il me facilitât les moyens d'en sortir.

(*) Le Maïpouri a quelque ressemblance avec le Cochon; mais la chair en est plus délicate. On mange, de préférence, la peau qu'on ne saurait mieux comparer qu'aux bajoues d'une tête de veau.

Note de l'Auteur.

« Taffia ! yroucan ! (*) oui : mais je ne veux pas que tu exposes des hommes qui ne connaissent pas les chemins : donne des piastres à huit de mes Indiens, et ils iront chercher le taffia. »

Cette proposition déjoua mes projets, et il fallut avoir recours à un autre expédient : au lieu de huit dame-jeannes, je payai pour dix dans l'intention de les enivrer tous.

Les Indiens marchent avec une extrême rapidité, surtout lorsqu'il s'agit de taffia. Ils partirent vers les trois heures de l'après-midi, et vers minuit, huit seulement revinrent avec chacun une dame-jeanne. Ils étaient déjà à demi-ivres : les deux autres avaient été obligés de rester en chemin.

Je leur versai donc du taffia à plein coco (**); j'en distribuai aussi à mes soldats, mais en leur recommandant la sobriété. Je les prévins que nous partirions dès que les sauvages seraient dans l'assoupissement de l'ivresse, et que je leur donnerais à tems le signal du départ. Vers les deux heures du matin, le taffia avait opéré et produit

---

(*) Yroucan veut dire diable.

(**) Les Sauvages ne boivent que dans des Cocos, ou des Calebasses.

l'effet désiré : ils étaient plongés dans le sommeil le plus profond. Aussitôt je donnai le signal à ma troupe qui était aussi impatiente de partir que moi.

CHAPITRE IV.

Le détachement s'égare.—Arrivée à Kourou.—Débarquement à Cayenne. — Révolte des Nègres du canton de Roura. — Excès commis sur les Colons. — Nouvelle expédition.—Les Noirs sont dispersés.— L'auteur est empoisonné.

Nous partîmes sans guide et ne connaissant pas le pays. Nous nous dirigeâmes à tout hasard vers la forêt dont nous étions sortis la veille : elle était d'une étendue immense. Nous n'avions pour régler notre marche d'autre boussole que la lune et le soleil.

Depuis trois jours et autant de nuits nous errions au hasard dans ces bois, sans pouvoir trouver aucune issue. Nous étions en proie à toutes les souffrances. Épuisés de fatigue, les pieds endommagés par ce sable brûlant qui nous couvrait la cheville, dévorés par la faim et par la soif, il fallait un courage surnaturel pour ne point s'abandonner au désespoir. Nous n'avions d'autre nourriture que de l'herbe et quelques graines qui tombaient de certains arbres d'une hauteur prodigieuse, que nous ne connaissions pas, et qui pouvaient renfermer quelque principe malfaisant.

Notre boisson consistait en eau croupie, que nous puisions avec nos chapeaux, dans des trous qui servaient de retraite à des serpens et autres reptiles venimeux. Mes malheureux soldats commençaient à perdre courage, je me faisais violence pour leur montrer l'exemple et ranimer leur énergie éteinte. Ceux mêmes que la nature avait doués du tempéramment le plus robuste, ne pouvaient plus faire un seul pas et versaient des larmes de rage et de désespoir. Ce n'était qu'en leur mettant sous les yeux la certitude d'être la proie des bêtes féroces ou des nègres fugitifs, que je parvenais à leur faire reprendre un peu de force. Je leur donnais des consolations dont j'avais moi-même le plus grand besoin, et je trompais leur douleur en leur assurant que je reconnaissais les lieux, et que nous étions sur le point de sortir de cette affreuse situation. Hélas! j'étais à cet égard dans une ignorance aussi entière qu'eux. Enfin, le quatrième jour, à une halte que nous fîmes, j'entendis, le premier, le mugissement de la mer dont les vagues venaient se briser sur la côte.

« Nous sommes sauvés, mes amis, m'écriai-je ; prêtez l'oreille, vous entendrez le bruit de la mer. »

J'essayerais en vain de décrire la joie que nous éprouvâmes tous ; il semblait que nous commencions une nouvelle vie. La halte fut courte, et nous nous hâtâmes de nous diriger du côté du bruit de la mer. Vers les quatre heures du soir, nous sortîmes enfin de ce bois que nous avions cru devoir être notre tombeau. Il nous restait encore une lieue à faire, toujours dans le sable et par une chaleur excessive, pour atteindre le rivage. A peine y fûmes-nous arrivés, que mes malheureux soldats s'élancèrent dans les flots, espérant éteindre leur soif brûlante en buvant, même sans modération, de l'eau de mer. Je ne pouvais m'y opposer, je n'en étais plus le maître. Quatre d'entr'eux moururent sur-le-champ.

Ce fut avec la plus grande peine que je parvins à les faire remettre en marche. » Suivons la côte, leur dis-je, nous ne pouvons manquer de trouver une habitation où nous nous reposerons et où nous nous dédommagerons de nos souffrances en faisant un bon repas.

Il était dix heures du soir, lorsque nous joignîmes l'habitation de M. Gourgue à Kourou. Ce digne colon nous reçut avec la plus franche cordialité, et nous fit prodiguer tous les secours dont nous avions si grand besoin.

Nous n'étions plus qu'à douze lieues de Cayenne. M. Gourgue eut la bonté d'y envoyer un exprès, auquel je confiai une lettre pour le gouverneur. Le lendemain une goëlette vint nous chercher; mais notre mauvaise étoile voulut que le vent fût contraire, et pendant quatre mortelles journées nous ne fîmes que louvoyer.

A notre arrivée, nous étions tous à deux doigts de la mort; on nous transporta à l'hôpital, et sur quatre-vingt-seize hommes qui revinrent à Cayenne avec moi, trente et un seulement surmontèrent la force de leur mal. Tous les autres moururent successivement des suites des souffrances inouies auxquelles nous venions d'être en butte.

Le gouverneur m'apprit qu'il m'avait donné pour guide cet Indien, parce qu'il lui avait été spécialement recommandé comme bon sujet, connaissant parfaitement le pays que j'allais parcourir. « Je me doutais d'autant moins, ajouta-t-il, de la perfidie dont il a usé à votre égard, que je lui avais promis une forte récompense. J'approuve beaucoup la prudence que vous avez montrée, en refusant aux Galibis d'unir vos armes aux leurs pour combattre les Caraïbes.

Ils sont toujours en guerre ensemble ; nous avons le plus grand intérêt à les ménager les uns et les autres, et à garder une parfaite neutralité. Je déplore la perte de nos braves soldats Alsaciens, mais vous avez fait votre devoir ; rétablissez promptement votre santé, afin de vous rendre encore utile à la patrie. »

J'avais à peine repris quelques forces, lorsque le gouverneur reçut l'avis de l'insurrection des nègres dans le canton de Roura. Ils s'étaient emparés des blancs dans toutes les habitations, et les avaient attachés avec des cordes sur des bancs, sur des chaises, etc., pour les égorger tous le même jour.

Le gouverneur me fit aussitôt appeler, et me demanda si ma santé me permettrait de tenter une expédition qui exigeait beaucoup de prudence et de vigueur. Sensiblement flatté des marques de confiance qu'on ne cessait de me donner, je répondis que j'étais prêt à marcher. Il me donna ses instructions. « La flotille dont je vous confie le commandement, ajouta-t-il, sera prête dans la nuit ; vous n'avez qu'à choisir deux cents braves dans votre bataillon ; partez le plus tôt possible. Je joindrai à votre troupe cinquante mulâtres libres, bien pourvus d'armes, et les matelots seront aussi en état de combattre. »

A trois heures du matin, tout mon monde était embarqué. Je fis observer le plus grand silence en naviguant dans la rivière de Roura, et je défendis de tirer sans mes ordres exprès. Deux heures après notre entrée dans la rivière, on nous tira, de droite et de gauche, des coups de fusil. Je dus ne point riposter à ce feu dirigé par quelques malheureux nègres qui s'étaient tellement enfoncés dans la vase, de chaque côté de la rivière, qu'à peine les apercevait-on. Ce fut là que j'eus le malheur de perdre mon frère, à l'âge de vingt-sept ans. Il était né pour occuper des grades supérieurs, si la mort ne l'eût frappé si jeune. Un mulâtre fut aussi frappé à mon côté, et plusieurs soldats furent blessés assez dangereusement.

Vers le soir, nous arrivâmes à Roura, lieu de rassemblement des nègres insurgés. Ils étaient au nombre d'environ mille, bien ou mal armés. Ils s'étaient emparés des armes de tous les habitans, en outre il leur en avait été fourni par des malveillans. Ils formaient un groupe considérable au bord de la rivière; mais ils étaient sans ordre et jetaient des cris effroyables, pour nous épouvanter. Aussitôt, je fais mettre ma flotille en bataille, sur la rive opposée et sous le feu des ennemis. Toute mon artillerie consistait en une pièce de quatre chargée à mitraille, montée sur un pivot, de manière à pouvoir être dirigée à volonté. Je donnai l'ordre de traverser la rivière avec promptitude, après le premier coup de canon. Ce mouvement fut opéré avec tant de vitesse que les nègres épouvantés prirent la fuite, abandonnant en grande partie leurs armes. Quelques-uns des plus courageux défendirent, à coups de flèches et de fusils, la hauteur qui dominait la rivière ; quoique nos adversaires eussent sur nous le double avantage du nombre et de la position, je fis débarquer mes troupes, sous leur feu, sans confusion et avec ce sang-froid que tout le monde accorde aux soldats Alsaciens.

Je donnai le signal de l'assaut, et nous fîmes un carnage horrible de tous les insurgés qui se laissèrent atteindre. Dans l'intervalle d'une demi-heure ils furent tous dispersés. Malgré l'obscurité de la nuit, je formai plusieurs détachemens, à chacun desquels je donnai un mulâtre pour guide, afin de se rendre en toute hâte dans les habitations du canton, et briser les liens qui retenaient les blancs.

Pendant ce tems, je fis la visite du camp des insurgés. Ils y avaient transporté les effets les plus précieux de leurs maîtres, et les comestibles qu'ils avaient pu trouver dans les habitations. Je fis tout recueillir et transporter sous un hangard qui, ordinairement, servait d'église.

Malgré une victoire aussi complète, nous ne fîmes que quarante prisonniers. Les fuyards avaient pour retraite le bois qui n'était qu'à cent pas de la rivière, et dans lequel il n'était pas possible de les atteindre. Je gardai mes prisonniers, jusqu'au retour de mes détachemens qui rentraient successivement, en me faisant le tableau le plus déchirant des souffrances de ces malheureux blancs. Les uns étaient morts de faim ou de soif, les autres avaient les bras et les jambes coupés par les cordes qui les attachaient, la gangrène s'était mise à leurs plaies, et ils souffraient les douleurs les plus aigües.

Quelques-uns, qui avaient eu le bonheur de se soustraire à la férocité de leurs nègres, vinrent me trouver à Roura, et rien ne put les décider à retourner chez eux.

Je leur dis que je venais de faire partir les prisonniers pour Cayenne, où sans doute on ferait un exemple sévère; que j'informais en même tems le gouverneur de tout ce qui s'était passé, persuadé que l'autorité prendrait désormais des mesures efficaces, pour prévenir toute insurrection et pour faire rentrer les nègres dans le devoir.

Le surlendemain, le gouverneur m'envoya un courrier, porteur de dépêches et de proclamations. Elles m'annonçaient que, sur les quarante prisonniers envoyés à Cayenne, trente avaient été condamnés à mort et exécutés sur-le-champ; que les dix autres avaient été mis aux fers pour le restant de leurs jours. Les proclamations contenaient l'injonction formelle pour les nègres, de rentrer chez leurs maîtres respectifs dans les vingt-quatre heures, sous peine d'être arrêtés et punis de mort, etc.

Je reçus également l'ordre de m'installer définitivement et militairement à Roura, de mettre en mouvement des colonnes mobiles, et de faire lire les proclamations dans toutes les habitations.

Je conduisis les propriétaires au lieu de dépôt des effets, où chacun reconnut et reprit ce qui lui appartenait.

Peu à peu l'ordre se rétablissait et, déjà, les nègres avaient repris leurs travaux accoutumés, et circulaient avec un permis de leurs maîtres. J'avais pris avec moi un Indien de ce canton, homme excellent sous tous les rapports, qui m'apportait toujours le produit de sa chasse et de sa pêche. Il m'aimait sincèrement et cherchait à lire mes désirs dans mes yeux. J'avais également pour cuisinière une vieille négresse, qui m'était aussi fort attachée, et qui ordinairement me faisait d'excellent café.

Un matin elle me l'apporta, comme de coutume, et après en avoir pris une gorgée, je lui trouvai un goût singulier et extraordinaire. Je n'en pris point davantage, et je communiquai ma surprise à ma négresse. Elle y porta ses lèvres pour le goûter, et à peine en eut-elle avalé un peu, qu'elle jeta un cri affreux et courut appeler mon Indien Myouka. Lorsqu'ils revinrent ensemble, je me roulais déjà à terre, en proie à des convulsions et à des coliques épouvantables. Myouka, sans proférer une seule parole, courut avec rapidité vers le bois d'où, quelques minutes après, il rapporta une herbe qu'il pila, et dont il me fit avaler le jus ; c'était un contrepoison fort connu des Indiens. Il était tems, car mon ventre commençait déjà à enfler prodigieusement, et quelques minutes plus tard je périssais empoisonné.

Quoique ma bonne vieille Espérance, (c'était le nom de ma négresse) n'en eût avalé qu'une seule goutte, elle se trouva néanmoins fort incommodée ; mais peu de jours suffirent pour lui rendre la santé. Pour moi, je fus si malade, qu'on fut obligé de me faire remplacer et transporter à Cayenne, où, pendant quatre mois consécutifs, je demeurai dans un fâcheux état de langueur.

On prit des informations, et l'on apprit par le factionnaire qui était de garde à la porte de ma case, que, pendant que ma vieille Espérance était montée dans ma chambre pour y chercher quelque chose, un nègre était entré dans la cuisine, sous le prétexte d'allumer sa pipe, en était ressorti et avait disparu en un instant. Nul doute que ce nègre n'eût profité de l'absence d'Espérance pour jeter du poison dans mon café. Quoi qu'il en soit, je m'estimai fort heureux d'en être quitte pour la maladie qui en fut la suite [6].

CHAPITRE V.

Disette dans la Colonie. — L'auteur part pour le Para. — Naufrage sur la côte de la Guyane Portugaise. — Indiens du Brésil. — Voyage à travers le pays. — Le Boa. — Arrivée chez les Portugais.

A cette époque, les Anglais avaient établi une croisière devant Cayenne, pour intercepter toute communication entre les Américains et la Colonie. Depuis plusieurs mois, nous étions privés de farine, de bœuf salé, et de mille autres choses nécessaires à la vie. Le Gouverneur, dans cette extrémité, assembla un conseil composé de magistrats, et des habitans les plus notables de la Colonie, pour mettre en délibération les moyens d'y pourvoir [7].

Nous savions que M. F*** avait des relations d'amitié et d'intérêt au Para, sur la côte du Brésil. Quoique nous fussions alors en guerre avec les Portugais, il lui fut proposé d'entreprendre le voyage. On lui assura que la haute considération dont il jouissait dans ce pays-là, lui faciliterait les moyens d'obtenir un chargement de vivres ; et que, dans la position pénible où se trouvait la colonie, ce serait lui rendre un service d'une importance incalculable. Le conseil se chargea, en outre, de lui donner plein pouvoir pour traiter avec ses connaissances au Para ; et on lui dit que, malgré le blocus des Anglais, on pourrait, à son retour, faire entrer les navires portugais dans la rivière d'Oyapock, et opérer le transport des vivres, au moyen de petites embarcations.

Après bien des pour-parlers et des prières, M. F***, avec lequel j'étais intimement lié, accepta ; mais il y mit la condition que je ferais le voyage avec lui ; que j'entrerais dans les opérations des traités, et, qu'avant toutes choses, il fallait me consulter. Je fus donc appelé au conseil, et on me proposa de faire le voyage avec M. F***, et de partager sa mission. J'acceptai et, en quatre jours, notre petit bâtiment fut prêt à mettre à la voile.

Nous nous embarquâmes et, à la faveur d'une nuit obscure et d'un bon vent frais, nous échappâmes à la vigilance des Anglais. Au point du jour, nous étions assez au large pour n'avoir plus rien à redouter d'eux. C'est avec la plus grande difficulté qu'on remonte dans ces parages ; les vents du Sud ne varient presque jamais, et sont toujours contraires. Nous avions encore à lutter contre le courant produit par le fleuve des Amazones, dont la rapidité est si grande, qu'il se fait sentir à cent lieues au large. Après trente-trois jours d'une navigation pénible, nous arrivâmes à l'embouchure de ce fleuve. On jeta l'ancre à une lieue et demie de terre, pour y attendre le montant du matin, afin d'entrer dans le fleuve. Vers minuit, il survint un raz-de-marée (ou gonflement de mer) épouvantable [8] ; les vagues passaient sur le pont du bâtiment, et paraissaient vouloir l'engloutir. Nous n'osions point couper le câble qui tenait l'ancre, dans la crainte d'être jetés sur la côte, et brisés contre les rochers ; nous ne savions à quoi nous résoudre ; enfin, pour ne pas être submergés, nous prîmes le parti de filer du câble. Après avoir lutté, pendant six heures, contre les flots, quelle fut notre terreur ? Les pompes ne suffisaient plus ; il s'était fait une voie d'eau considérable sur le derrière du vaisseau, et nous étions dans l'impossibilité d'y apporter remède. Le bâtiment s'enfonçait d'une manière très-sensible, et notre unique moyen de salut fut de gagner la côte à la nage : nous en étions éloignés de trois quarts de lieue.

Depuis la pointe du jour, les Sauvages de la côte examinaient notre bâtiment ; ils étaient témoins du danger pressant que nous courions ; mais la mer était si grosse et si agitée, qu'il était de toute impossibilité qu'ils vinssent à notre secours avec leurs pirogues. Néanmoins, quand ils virent disparaître le bâtiment, ils se décidèrent à se jeter à la nage. (*) Pour moi, j'avais assez de force et d'habitude de l'art de la natation, pour gagner la terre sans le secours de personne. Néanmoins, un Sauvage vint me saisir par les cheveux, et nagea à côté de moi. Cette attitude gênait singulièrement mes mouvemens, et chaque fois que, pour me débarrasser de lui, je lui donnais des coups de pied, il me plongeait la tête dans l'eau pour m'étourdir, me relevait ensuite, et ne lâchait jamais mes cheveux. Cette espèce de combat continua jus-

(*) Les Sauvages nagent avec autant de facilité que les poissons. A peine sont-ils nés, que leurs parens les jettant à la mer, les laissent nager jusqu'à ce qu'ils tombent de lassitude. Ils les retirent ensuite pour leur donner un moment de repos, après quoi ils les rejettent de nouveau, nageant toujours à leurs côtés de crainte d'accident. Ils recommencent ce manège jusqu'à ce qu'ils puissent se livrer à cet exercice sans le secours de personne.
Note de l'Auteur.

qu'à ce que nous fussions arrivés assez près de terre pour prendre pied. A peine sorti de la mer, mon premier mouvement fut de porter mes regards sur cette vaste étendue d'eau ; quelles furent ma surprise et ma joie à l'aspect d'un essaim de sauvages, qui ramenaient mes camarades d'infortune ! Lorsqu'ils eurent tous gagné terre, nous nous empressâmes de témoigner à nos libérateurs la plus vive reconnaissance.

A l'exception du capitaine et de trois matelots, tout l'équipage fut sauvé. M. F*** et moi, nous nous jetâmes dans les bras l'un de l'autre, en versant des larmes de joie, et en remerciant le ciel de nous avoir préservés d'une mort certaine.

Ces bons Sauvages s'empressèrent de nous donner l'hospitalité, et de nous offrir de la nourriture qui consistait en crabes, poissons fumés, bananes, etc.

Quoiqu'il y ait une différence sensible de langage entre les sauvages de la côte du Brésil et ceux de la Guyane, je parvins à me faire assez entendre pour leur communiquer le but de notre voyage, et les prier de nous indiquer les moyens les plus prompts pour nous rendre au Para. « La mer, me répondirent-ils, demeure dans cet état d'agitation jusqu'après la nouvelle lune, et il serait trop périlleux de tenter le voyage dans nos petites embarcations; néanmoins, puisque vous êtes fort pressés, nous vous conduirons par terre, à travers les bois, jusqu'à la rive du fleuve, en face du Para.

Six de ces bons Indiens s'offrirent pour nous conduire : nous nous mîmes en marche le troisième jour après notre naufrage.

Il est impossible de se faire une idée de toutes les souffrances que nous avons éprouvées pendant les huit jours que nous avons mis à traverser ces bois immenses, qui n'avaient aucun chemin frayé. Ils étaient remplis de bêtes féroces, contre lesquelles nous n'avions d'autres armes que nos flèches, dont les pointes étaient empoisonnées. Ce qui nous tourmentait le plus vivement, c'étaient les insectes de toute espèce, tels que les moustiques, les maringouins, les maques, etc., qui nous devoraient, et dont nous ne pouvions nous garantir. Nous nous nourrissions avec des tortues de terre, du gibier, des lézards d'un pied de circonférence, dont la chair est aussi tendre que celle du poulet : leurs œufs surtout sont un manger très-délicat.

Nous n'étions jamais plus éloignés du fleuve que d'une distance de deux ou trois lieues; aussi rencontrions-nous souvent des sources d'eau douce pour nous désaltérer.

Le dernier jour de ce pénible voyage, le maître d'équipage de notre bâtiment naufragé, se détacha, je ne sais pour quel motif, de l'endroit où nous avions fait halte. Au bout de quelques instants, nous l'entendîmes pousser des cris affreux et appeler au secours. Aussitôt nous accourûmes tous avec nos armes, mais il n'était plus tems; une couleuvre d'une grosseur énorme et de quinze pieds de long, l'avait entortillé et l'avait étouffé.

Les sauvages lancèrent aussitôt leurs flèches sur cet affreux reptile et le tuèrent; mais c'était une peine inutile, le maître d'équipage ne donnait plus aucun signe de vie (9).

Après avoir accordé quelques larmes au sort de notre camarade, nous continuâmes notre route et, sur le soir, nous arrivâmes sur la rive, presqu'en face du port du Para.

M. F*** loua une pirogue et se fit conduire à la ville. Il reçut l'accueil le plus flatteur d'un de ses amis, don Rivéréda, qui jouissait d'un très-grand crédit auprès du gouvernement de ce pays-là. M. F*** lui fit la narration de notre malheureux voyage et, après lui en avoir indiqué le but, il le pria de nous envoyer chercher.

Nous passâmes la nuit la plus cruelle; malgré

le grand feu que nous allumions, les insectes nous dévoraient, et nous attendions le jour avec une impatience indicible [10].

Enfin, vers les huit heures du matin, on vint nous chercher pour nous conduire auprès de l'ami de M. F***. On nous prodigua tous les soins imaginables ; je logeai avec M. F***; et nos quinze compagnons d'infortune, que la mer et les bêtes féroces avaient épargnés, furent distribués dans les auberges.

Notre démarche fut couronnée du succès le plus complet. M. F*** obtint, par son crédit, plus qu'il n'eût osé espérer. Nous séjournâmes un mois au Para et, pendant cet intervalle, on nous fit un chargement considérable sur trois bâtimens de 200 tonneaux chaque. La veille de notre départ, don Alvarez Rivéréda invita tous les naufragés à un repas somptueux, après lequel il nous souhaita une meilleure fortune et un heureux voyage.

CHAPITRE VI.

Angélina Rivéréda. — Amour et cruelle séparation. — Départ du Para. — La frégate Anglaise. — L'auteur est prisonnier et conduit au Cap de Bonne Espérance. — Le capitaine Suédois. — Singulier moyen d'évasion.

Me voici arrivé à une époque de ma vie, qui ne sortira jamais de ma mémoire. Jusqu'alors mes souffrances et mes occupations militaires m'avaient empêché de me livrer aux douces impressions de l'amour. Pendant mon séjour au Para, je voyais tous les jours la charmante fille de M. Rivéréda, l'adorable Angélina; elle joignait à un esprit cultivé, une figure céleste qui réfléchissait la candeur naïve de sa belle âme; elle était douce, affable, modeste et ignorant encore sa beauté. Je ne pus voir tant de charmes réunis, sans éprouver pour elle la passion la plus vive. Je me berçais des illusions les plus flatteuses; je me voyais l'heureux et légitime possesseur des charmes d'Angélina, lorsque le signal du départ vint dissiper le charme et interrompre le cours de mes rêves chimériques. Je vis alors toute la profondeur de l'abîme dans lequel ce funeste amour allait me précipiter ; mais il n'était plus tems ; le coup était porté, et Angélina devait à jamais règner sur mon âme. Quelques instans avant mon fatal départ, elle me disait, avec cette expression de sensibilité qui lui était si naturelle, et en répandant des larmes : « Vous ne sauriez croire avec quel chagrin je vous vois vous exposer de nouveau sur un élément perfide dont vous avez déjà éprouvé l'inconstance. Vous aimez notre pays, dites-vous ; mon père et tous nos amis ont aussi pour vous le plus tendre attachement. Puisque le devoir vous défend de rester plus long-tems parmi nous, faites promptement votre voyage, et promettez-moi bien de revenir auprès de nous pour ne nous quitter jamais. » — « Trop aimable Angélina, lui répondis-je, en baisant respectueusement une de ses mains, dès que j'eus le bonheur de vous voir et d'admirer vos vertus, l'amour le plus pur s'empara de toutes mes facultés ; je comparais chaque objet à mon Angélina, et elle était toujours au-dessus de la comparaison. Votre image me suit partout, partout je crois entendre votre nom. Mes yeux

vous ont sans doute appris ce qui se passait dans mon cœur; et si l'extrême désir que j'en ai ne m'a point aveuglé, je crois avoir lu dans votre âme que mon amour ne vous est point indifférent. Pardonnez un aveu que m'arrache la violence de ma passion, aveu que j'aurais peut-être dû renfermer en moi-même. Un séjour aussi court, mon état, ma nation, mon défaut de fortune, tout m'imposait l'obligation de me taire, et jamais don Rivéréda, votre père.... »
« Arrêtez, s'écria-t-elle, mon père n'est point un tyran; c'est mon ami le plus vrai; et il n'a jamais rien refusé à son Angélina! »

C'est au moment que nous nous jurions un amour éternel, que l'on vint me dire qu'on n'attendait plus que moi pour mettre à la voile. A ce funeste avertissement, Angélina succomba sous le poids de sa vive douleur, et ne put prononcer que ces mots : « Dieu soit avec vous... revenez... revenez... et pensez à l'infortunée Angélina. » Je couvrais sa main de mes baisers et de larmes, lorsque les cris à bord! à bord! vinrent m'arracher aux tendres caresses de mon amie. Je la quittai, le cœur en proie à mille sentimens plus pénibles les uns que les autres, sentimens que les véritables amans seuls savent éprouver, et qui échappent au pinceau de l'écrivain.

O vous! qui avez pleuré l'absence d'une maîtresse adorée, si vous jetez un jour les yeux sur ces mémoires, vous vous arrêterez à cette page, et vous identifiant avec moi-même, vous concevrez les sensations douloureuses que firent naître dans mon cœur cette cruelle séparation, les larmes qu'elle fit verser à l'aimable Angélina.

M. F*** et moi étions convenus que, pour sortir de la rivière, il s'embarquerait sur le premier bâtiment, et moi sur le dernier: les deux premiers avaient déjà mis à la voile et on leva l'ancre au moment où je montai à bord du troisième. Les deux premiers bâtimens avaient gagné sur moi une bonne demi-heure, lorsqu'en approchant de l'embouchure du fleuve, ils m'avertirent, par des signaux, qu'on apercevait à environ deux lieues, et sous le vent, un navire à trois mâts. Les deux premiers bâtimens eurent tout juste le tems de prendre le large et de gagner le vent et le courant, avant de pouvoir être atteints par ce trois mâts, qu'on avait déjà reconnu pour une frégate Anglaise.

Le bâtiment que je montais était mauvais voilier; la frégate Anglaise approchait avec une rapidité effrayante. Dans cette extrémité, je proposai au capitaine Portugais de nous jeter sur la côte, au risque de nous perdre corps et biens, plutôt que de devenir la proie des Anglais. Intérieurement je me disais que je pourrais me sauver à la nage, retourner au Para, et revoir mon Angélina.

Ce parti était un peu violent; je compromettais ma vie et celle de tout l'équipage ; mais l'amour ne serait plus de l'amour s'il pouvait se soumettre à de froids calculs. Le capitaine Portugais, qui n'était nullement amoureux, ne fut point de mon avis, et préféra attendre l'événement. Pendant que nous discutions sur le parti qu'il nous restait à prendre, la frégate Anglaise était si proche de nous, qu'elle nous tira un coup de canon à boulet pour nous faire amener. Aussitôt les Anglais mirent leurs chaloupes à la mer et vinrent visiter notre bâtiment. A l'aspect du chargement pour le compte de la colonie de Cayenne : *Bonne prise*, s'écrièrent-ils, *bonne prise!* et ils embarquèrent dans leurs chaloupes tout ce qui pouvait leur convenir.

Le capitaine Anglais nous fit dire, par un de ses officiers, qu'il ne voulait pas se charger d'un bâtiment qui ne marchait pas, ni d'un équipage qu'il faudrait nourrir sans pouvoir l'utiliser. Il ajouta qu'il se contenterait de faire prendre à notre bord tout ce que notre bâtiment renfermait de plus précieux, faire jeter le reste à la mer, et ne laisser que le lest et les hommes de nation Portugaise. C'est en vain que j'avais prié notre capitaine de me faire passer pour Portugais; mon nom, mon grade, et le lieu de ma naissance étaient portés sur le rôle d'équipage : sept matelots français étaient dans le même cas.

Je fus donc transporté avec mes compatriotes à bord de la frégate Anglaise. Je suivis de l'œil le bâtiment Portugais qui allait au Para annoncer cette triste nouvelle. «Hélas! me disais-je, quel coup funeste pour mon Angélina! que va-t-elle devenir à cette affreuse nouvelle, et que deviendrai-je moi-même? J'ignore quelle destinée m'attend, et je perds jusqu'à l'espérance de jamais revoir mon amie.» Pendant que je me livrais à ces réflexions douloureuses, le capitaine m'apprit que sa destination était pour les grandes-Indes, où j'allais être conduit. Cette nouvelle acheva de m'étourdir, et je dis adieu à ma patrie et à Angélina. Cependant le capitaine, malgré la brutalité de son caractère, m'adressait quelquefois des paroles de consolation : cela lui arrivait surtout quand il avait noyé sa mauvaise humeur dans le punch, et qu'il oubliait que j'étais Français.

Il m'invita même quelquefois à sa table, et il recommanda aux officiers, ainsi qu'à l'équipage, d'avoir pour moi des soins et des égards. Malgré l'espèce de considération qu'on me témoignait, je ne pouvais me familiariser avec l'idée d'être au pouvoir de nos plus cruels ennemis. Aussi, pour me soustraire à ce joug honteux, je formais mille projets que ma position rendait plus impraticables les uns que les autres.

Nous arrivâmes enfin au Cap de Bonne-Espérance, après deux mois et vingt-sept jours de navigation. Le bâtiment mouilla dans ce port pour y faire de l'eau. Au bout de quatre jours je sollicitai vivement auprès du capitaine la permission d'aller à terre avec quelques-uns de ses officiers. Ce ne fut qu'avec les plus grandes difficultés que je parvins à lui arracher son consentement : je descendis avec son second auquel il avait recommandé de me surveiller de très-près.

A peine arrivé dans la ville, mon surveillant me proposa d'entrer avec lui dans un café pour y prendre du punch. J'acceptai son offre avec plaisir. Ce café était le plus beau que j'eusse encore vu, et était rempli de marins de toutes les nations. Pendant que mon Argus causait, buvait et disputait avec ceux de sa nation, je liai conversation avec le capitaine d'un navire marchand Suédois. Je le mis en peu de mots au fait de ma situation malheureuse. « Je puis vous sauver, me dit-il; mais ayez pleine confiance en moi. Affectez beaucoup de gaîté; faites boire votre surveillant, et quand il sera ivre, il ne pensera plus à vous et s'endormira. Je vais faire tous les apprêts nécessaires; n'ayez aucune inquiétude. Lorsque vous verrez quelqu'un s'approcher de vous et vous faire signe, suivez-le aveuglément et en toute sécurité. »

Dès qu'il fut parti, je me mis à côté de mon Anglais; je feignis d'être dans le même état que lui, et bientôt le punch, le rhum et le rack lui ôtèrent l'usage de la raison : il s'assoupit sur la table. Aussitôt un marin s'approcha de moi, me pressa le bras et me fit le signe convenu. Je le suivis doucement jusqu'au détour d'une rue où nous doublâmes le pas. Mon conducteur m'introduisit dans une petite maison. J'y trouvai le capitaine Suédois. « Vous voilà sauvé, s'écria-t-il, en me sautant au cou; mais il faut que vous preniez courage, car vous aurez beaucoup à souffrir du procédé que nous serons contraints d'employer pour vous transporter à bord : il ne sera pas de longue durée. Vous allez faire un long voyage, ajouta-t-il, mais du moins vous jouirez de votre liberté. Dans trois jours nous allons mettre à la voile pour Madagascar : je vous confie la tenue de mon registre-journal : je vous accorde pour cela vingt-cinq piastres par mois, cela peut-il vous convenir ? » Je me jetai dans ses bras, en l'assurant que tout me conviendrait, pourvu que je fusse délivré du joug des Anglais. « Hé bien! me dit-il, il faut que vous vous enfermiez là-dedans, en me montrant un boucaud (*) à sucre vide, après quoi les matelots le transporteront à bord. » Ce genre de voiture ne me paraissait nullement commode, mais la circonstance était pressante, et pour échapper aux Anglais j'eusse fait encore davantage. Le capitaine Valterstrom (c'était le nom du Suédois) donna les ordres nécessaires. Aussitôt je me pelotonnai de mon mieux dans mon tonneau; on le fonça et on me posa sur un brancard; ce fut de cette manière que je fus voituré jusqu'au port : les douves de ces sortes de tonneaux n'étant point exactement jointes, comme celles des tonneaux à liquide, je respirais librement; mais la position gênante dans laquelle je me trouvais, me donna une crampe qui me faisait souffrir horriblement : on s'imagine bien que, quelqu'envie que j'en eusse, je ne poussai aucun cri. On s'arrêta enfin, et le boucaud fut

(1). Un Boucaud est un grand tonneau qui sert à transporter le sucre et la cassonade.
Note de l'Auteur.

posé à terre. Du fond de ma retraite, j'entendis les matelots dire qu'il fallait rouler le tonneau sur la planche qui établissait communication entre la terre et le bâtiment. Lorsque je songeai que, par la maladresse d'un matelot, mon étui pouvait rouler dans la mer, où j'aurais infailliblement péri ; étant incapable, dans ma position, de remuer ni bras ni jambes ; cette réflexion me fit oublier un moment ma douleur, et je n'éprouvai dans cet instant qu'un sentiment d'effroi. Mais heureusement que je ne demeurai pas longtems dans cette perplexité, j'entendis le tonneau rouler sur le pont du bâtiment ; je repris courage, et priai le capitaine de me retirer le plus promptement possible de mon étroite prison. En un instant le tonneau fut défoncé, et je fus mis en liberté. Quelque court qu'ait été ce voyage, jamais je n'en fis de plus pénible. Outre cette crampe qui me faisait cruellement souffrir, j'étais encore en proie à un autre genre de supplice : on avait omis de couper quelques chevilles de l'intérieur du tonneau, de sorte que pendant que je roulais, elles m'entraient dans le corps et me faisaient éprouver les sensations les plus douloureuses. Dès que je fus en liberté, j'oubliai tout ce que j'avais souffert pour ne plus penser qu'au bonheur d'être libre.

J'entrai dans la chambre du capitaine pour y demeurer caché, dans la crainte que les Anglais ne vinssent faire des recherches. Pour prévenir ce danger, on avait mis le tonneau, défoncé par un bout, dans la chambre, et un factionnaire, placé sur le pont, devait m'avertir par deux coups de pied précipités, donnés sur le pont, du moment où je devais rentrer dans ma cage.

Cependant les Anglais faisaient des perquisitions partout ; la ville, les bâtimens du port, rien n'échappa à leurs recherches. Ils vinrent également à notre bord, et au signal convenu, je rentrai dans ma niche. Qu'on s'imagine ma perplexité lorsque je les entendis rôder dans la chambre ; heureusement leur visite ne fut pas longue et ils remontèrent en proférant d'affreux juremens. Le capitaine Valterstrom était resté à terre pour être témoin des recherches que faisaient les Anglais. En revenant à bord, il me raconta que mon surveillant avait été transporté sur la frégate, mort ivre, et que le capitaine, furieux, avait juré que, si on me rattrapait, il me ferait mettre les fers aux pieds et aux mains. Ces menaces ne m'effrayaient aucunement, car le jour même, nous mîmes à la voile pour Madagascar. Pendant notre voyage, il ne nous arriva aucun accident fâcheux, ni rien qui puisse piquer la curiosité. Le capitaine Valterstrom et moi, nous nous liâmes d'une étroite amitié qu'acheva de consolider la confidence mutuelle de nos aventures. « Votre vie, me dit-il, est semée d'incidens malheureux, vous avez presque toujours été en proie à l'adversité; mais mes aventures à moi, sont d'une nature plus sinistre, ainsi que vous allez le voir, » et il commença en ces termes.

CHAPITRE VII.

HISTOIRE DU CAPITAINE VALTERSTROM.

J'AVAIS à peine atteint ma septième année, lorsque j'eus le malheur de perdre les auteurs de mes jours. M. de Stéting, mon oncle maternel, me prit sous sa tutelle. Son fils Arthur était plus âgé de quatre ans et ma petite cousine Ernestine avait une année de moins que moi. M. de Stéting ne négligea rien pour nous faire donner à tous trois une éducation digne du rang qu'il occupait dans le monde. Ernestine et moi avions beaucoup d'aptitude au travail, et les progrès rapides que nous faisions, excitaient la jalousie d'Arthur. Naturellement enclin à la paresse, mon cousin avait un de ces caractères qui ne peuvent sympathiser avec celui de personne. Il était ombrageux, méchant, vindicatif, d'une humeur très-irascible et il calculait de sang-froid le mal qu'il voulait faire. M. et Mme de Stéting ne cessaient de prodiguer des éloges à Ernestine et à son cousin ; aussi Arthur conçut pour moi la haine la plus implacable. Lorsque le hasard me faisait trouver seul avec lui, aussitôt, profitant de la supériorité de sa force, il m'accablait de coups et ne me laissait que lorsque la fatigue lui avait ôté la force de continuer. Je portais mes plaintes à mon oncle et à ma tante qui lui adressaient des reproches, et même le punissaient quelquefois. Quoiqu'il méritât bien les punitions qu'on lui infligeait, j'avais encore le cœur assez bon pour solliciter moi-même son pardon. J'espérais, par ma douceur, atténuer l'aversion que je lui inspirais, mais je m'abusais étrangement. La haine qu'il me portait s'envenimait de jour en jour, et les moyens que j'employais pour la faire disparaître, ne faisaient, au contraire, que l'alimenter.

Ernestine, devant laquelle il ne se gênait plus pour m'injurier, et même me maltraiter, se jeta plusieurs fois à son cou pour le calmer ; mais il n'en devenait que plus furieux, il accablait sa sœur et moi des injures les plus grossières et des menaces les plus violentes. Dix années se passèrent ainsi, et nous étions toujours les objets de sa fureur haineuse. Ses père et mère avaient essayé en vain de corriger l'âpreté de son caractère ; mais leur extrême faiblesse venait se briser contre les caprices et les volontés de leur fils aîné. Dans leur aveuglement, ils ne voyaient dans les vices d'Arthur que de simples écarts de jeunesse, que la raison, disaient-ils, ne tarderait pas à lui faire oublier. Autant mon cousin avait d'aversion pour moi, autant Ernestine me témoignait d'amitié et d'attachement. J'avais pour elle les mêmes sentimens et, lorsque nous étions ensemble, nous nous dédommagions mutuellement des mauvais traitemens de son frère.

Un matin, pendant que nous étions à déjeûner, M. de Stéting reçut du Roi une lettre et un brevet d'officier de cavalerie pour son fils. A cette heureuse nouvelle, le contentement fut général, et chacun s'empressa de féliciter le père et le fils de cet heureux événement. La joie d'Ernestine et la mienne étaient au comble, et le motif de notre satisfaction n'échappa point à l'œil vigilant du farouche Arthur. Il nous lança un regard menaçant, se leva, embrassa son père et sortit. Le ministre, par sa lettre, ne lui accordait que deux jours pour préparer son départ, et ce moment, qu'Ernestine et moi attendions avec la plus vive impatience, arriva enfin. Arthur prit congé de tous ses parens, à l'exception d'Ernestine et de moi, s'élança sur son cheval et partit sans nous regarder.

Vers le soir, un domestique me remit, de la part d'Arthur, un billet qui contenait ce qui suit :

« Arnold Valterstrom, ne te réjouis pas de
» mon départ; mon retour sera le moment de
» ta mort ou de la mienne. Tu préviendras ce
» malheur, en t'éloignant de la maison de mon
» père, et en renonçant aux coupables desseins
» que tu as formés sur ma sœur, depuis notre
» enfance ».

Arthur de Stéting.

J'ai déjà dit que, dès notre enfance, la plus étroite amitié régnait entre Ernestine et moi; mais il vient un âge où ce sentiment fait place à un autre. Notre amitié avait pris tout le caractère de l'amour. Ernestine, qui connaissait la douceur, la bonté et surtout l'excessive faiblesse de ses parens, n'écouta que la vivacité de sa passion et, quelques jours après le départ de son frère, elle déclara à sa mère qu'elle avait conçu pour moi l'amour le plus violent et qu'elle n'aurait jamais d'autre époux que son cousin. Elle fit cette démarche inconsidérée, sans me consulter sur les conséquences qu'elle pourrait avoir, et sans même m'en prévenir. Sa mère, qu'une maladie de langueur rendait fort souffrante depuis long-tems, lui répondit avec cette douceur qui lui était naturelle, qu'avant de songer au mariage, il fallait avoir un état quelconque ; elle lui mit sous les yeux son extrême jeunesse (elle avait alors 14 ans), et finit par lui dire qu'elle en parlerait à son mari.

Deux mois se passèrent, et Ernestine ne me parla aucunement de l'entretien qu'elle avait eu avec sa mère. Un jour que ma cousine était absente de la maison, mon oncle me fit appeler dans son appartement, me pria de m'asseoir entre lui et ma tante, et me parla ainsi qu'il suit :

« Mon cher Arnold, tu vas entrer dans ta 18e année ; tu as mis à profit l'éducation que tu as reçue. Maintenant je desire savoir quelle est la profession pour laquelle tu te sens de l'inclination. Sans prétendre t'influencer, mon avis serait que tu entrasses dans la marine royale, où, au moyen de mon crédit, je pourrai te faire faire un chemin rapide. Ce ne pourra être qu'alors, mon cher Arnold, que mon épouse et moi consentirons à t'unir pour jamais à notre aimable Ernestine. Je connais le secret de ton cœur, et ma fille partage tes sentimens : elle en a fait l'aveu à sa mère ». — Je ne saurais être trop reconnaissant des bontés que vous avez toujours eues pour moi, lui répondis-je ; mais il est de mon devoir d'écarter de votre respectable famille un grand malheur dont nous sommes menacés. — Quoi! s'écria mon oncle, que veux-tu dire ? » — « Oui, mes bons parens, je dois vous éviter un grand malheur. Je suis charmé que cet entretien pénible ait lieu pendant l'absence d'Ernestine. Sachez donc qu'elle ne peut plus être à moi! Prenez et lisez!!... » En disant ces mots, je présentai à mon oncle le billet qu'Arthur m'avait fait remettre au moment de son départ.

A la lecture de ce billet, ma tante, qui était déjà affaiblie par son mal, perdit connaissance. M. de Stéting resta dans un état de stupeur qui lui ôta, pour quelques instans, le mouvement et la voix, et moi je me hâtai de prodiguer des soins à ma tante, pour ne pas mettre les gens dans la confidence de nos chagrins domestiques.

Au bout de quelques minutes, ma tante reprit connaissance et mon oncle fut en état de m'entendre. Je leur prodiguai les plus tendres caresses; je m'excusai d'avoir troublé, quoiqu'innocemment, leur tranquillité et je dis à mon oncle qu'il était urgent que je m'éloignasse le plus tôt possible de sa maison. « J'accepte volontiers, ajoutai-je, la proposition que vous m'avez faite d'entrer dans la marine; pendant mon absence, mon cousin reviendra peut-être à des sentimens plus justes et plus raisonnables ; mais surtout, je vous en conjure, qu'Ernestine ne connaisse jamais ce funeste billet . » Mon oncle me promit que ce serait le secret de lui et de son épouse; que rien n'en transpirerait et que, dès le lendemain, il allait s'occuper des démarches nécessaires pour me faire admettre dans la marine Royale, et presser mon départ pour les colonies Suédoises.

Lorsqu'Ernestine fut de retour, je lui fis part de l'entretien que je venais d'avoir avec son père ; mais je me gardai bien de parler du billet. Je lui dis que j'avais consenti à prendre l'état de marin, et que, sous peu de jours, j'allais partir pour l'Amérique.

A ces mots, elle poussa des cris déchirans. « On veut t'éloigner de moi, s'écriait-elle, on a juré notre mort ; mon père! mon père! secourez votre fille, on veut lui arracher Arnold!!! » Effrayé de ces exclamations insensées, j'essayai vainement de la rassurer et de lui donner des consolations. Elle s'échappa de mes bras et courut chez sa mère qui employa, aussi inutilement que moi, tous les moyens de la calmer.

Un moment après, M. de Stéting rentra, en m'annonçant qu'il avait réussi dans ses démarches ; que, si j'y consentais, je pouvais m'embarquer de suite comme novice sur la frégate *la*

Loëvine, dont la destination était pour Saint-Barthélemy ; de plus, ajouta-t-il, j'ai obtenu que tu serais fait officier au retour de ton premier voyage.

Il entrait dans l'appartement de ma tante, pour lui annoncer cette nouvelle ; quelle fut sa surprise à l'aspect d'Ernestine plongée dans un délire effrayant. Lorsqu'il en connut le motif, il oublia sa faiblesse ordinaire, et prenant soudain ce caractère de dignité que doit avoir un père. « Que signifie, mademoiselle, dit-il à sa fille, avec un ton sévère qu'elle ne lui avait jamais vu, que signifie une conduite aussi indécente ? Une fille bien née doit-elle jamais se livrer à la fougue de ses passions ? Si vous ne rentrez à l'instant dans les bornes d'une sage retenue, je vous fais enfermer, comme une insensée, pour le reste de vos jours. Si vous voulez, au contraire, prêter l'oreille à la voix de la raison, revenez de votre égarement et écoutez les conseils de votre père. » Ernestine, qu'un langage si extraordinaire dans la bouche de son père avait rendue à elle-même, se précipita dans ses bras, « parlez, dit-elle, ô mon père ! Ernestine vous écoute. »

« Ernestine, reprit-il avec plus de douceur, si avant de t'abandonner à une conduite aussi inconsidérée, tu en avais envisagé toute l'extravagance et tout le ridicule, tu aurais eu honte de toi-même et tu m'aurais épargné les reproches que tu m'as mis dans la nécessité de t'adresser; tu n'aurais point suivi l'impulsion d'une imagination délirante. Née avec un caractère bouillant et une ame ardente, tu portes à l'excès toutes les impressions que tu reçois. Tu as conçu pour ton cousin la plus vive passion. J'aurais sans doute pu y apporter remède ; mais je voyais au contraire, avec le plus grand plaisir, vos deux cœurs s'entendre, et votre amour mutuel prendre chaque jour de nouvelles forces. Vous unir un jour par des liens indissolubles, était mon intention ainsi que celle de ta mère ; mais tu n'ignores pas que, dans nos contrées, il est d'usage d'avoir un état avant que de se marier ; que telle fortune qu'on ait d'ailleurs, cette condition est indispensable. En second lieu, tu ne peux t'unir à qui que ce soit sans le consentement de tes parens, et je ne le donnerai jamais qu'avec connaissance de cause. Arnold a reçu une éducation soignée, il est doué d'une rare intelligence, sa conduite a toujours été sans reproches et j'ai la certitude qu'à son retour il aura mérité de l'avancement. Ce n'est qu'alors, ma chère Ernestine, que je travaillerai à votre bonheur mutuel. Eh! bien, ma fille, as-tu bien écouté et compris ce que je viens de te dire? — Oui, mon père, tout est encore dans ma mémoire; mais, pour mettre le comble à votre bonté, permettez-moi de faire le voyage avec Arnold, la mer a pour moi mille charmes. »

» Vous êtes une insensée, s'écria mon oncle avec l'accent de la colère et de l'indignation, une étroite prison sera votre châtiment, si vous ne revenez à des sentimens plus honnêtes, c'est mon dernier mot; » et il se retira.

Enfin, à force de douceur, Mme de Stéting lui arracha la promesse de se conformer aux volontés de son père; mais, dans un entretien que j'eus bientôt avec elle, elle me peignit son désespoir, me jura qu'elle ne survivrait pas à mon départ, et que si j'avais pour elle un amour aussi vrai que le sien, je devais l'emmener, malgré la volonté de ses parens.

Ernestine avait, la première, fait battre mon cœur et j'avais pour elle un amour aussi pur que sincère; mais le peu de respect, de soumission et d'attachement qu'elle montrait pour les auteurs de ses jours, le peu de cas qu'elle semblait faire de son honneur et de sa réputation, me révoltèrent intérieurement et, pour un moment, je crus que mes oreilles me trompaient. Revenu de mon étonnement: « Ernestine, lui dis-je, tu sais combien je t'aime, mais tu sais aussi combien je suis incapable de manquer à l'honneur et à toutes les convenances sociales. Je suis prêt à faire pour toi tous les sacrifices que tu exigeras de mon amour, excepté celui de mon devoir. Je dois la vie, l'éducation, enfin tout ce que je suis à tes estimables parens, et je récompenserais leur tendre sollicitude par la plus noire des perfidies, je prêterais une main coupable à leur fille pour l'aider à se précipiter dans l'abime de l'opprobre et du déshonneur! Je pardonne à l'extrême vivacité de ton caractère, d'avoir pu me croire un instant capable de me souiller d'une telle bassesse. Mais je suppose encore qu'oubliant tout principe d'honneur et de probité, je fusse assez lâche pour consentir à l'exécution de ce projet criminel, aurions-nous la possibilité de nous soustraire aux regards de toute une famille? Ignores-tu que, dans cette circonstance, tous nos parens et nos amis s'empresseront de m'accompagner jusques sur mon bord et que l'on exigera qu'Ernestine demeure auprès de sa mère, afin de lui prodiguer les consolations dont elle a si grand besoin? »

Pendant ce discours, que me dictait l'horreur du coupable projet d'Ernestine, elle fondait en larmes sans proférer une seule parole. « Je reviendrai, ma chère amie, lui dis-je, je reviendrai le plus promptement possible, et alors, je l'espère, rien ne s'opposera plus à notre union. » En prononçant ces dernières paroles, un nuage vint obscurcir mes yeux, je me troublai et me sentis défaillir ; je pensais alors au fatal billet d'Arthur. Malgré la douleur à laquelle elle était en proie, Ernestine s'aperçut de mon émotion soudaine que j'attribuai à la proximité de mon départ. « Il faut nous séparer, Ernestine, reçois les tendres adieux de ton ami ; j'emporterai le souvenir du bonheur dont je jouissais auprès de toi, ton image sera sans cesse présente à mes yeux, et je reviendrai plus tendre et plus empressé que jamais. Adieu.... Ernestine.... adieu... aime toujours ton Arnold... » M. de Stéting entra au moment où, dans les bras l'un de l'autre, nous confondions nos plaintes et nos larmes. « Allons, Arnold, du courage et de la fermeté, viens prendre congé de ta tante. » On l'avait déjà prévenue de mon départ : lorsque j'entrai, elle fondait en larmes ; elle me fit approcher de son lit, m'embrassa tendrement et me dit à l'oreille ces mots qui ne sortiront jamais de ma mémoire : elle les prononça avec l'accent du désespoir. « Arnold, mon cher ami, je ne te reverrai donc plus?... le souvenir du cruel billet d'Arthur hâtera le moment de mon trépas... Le caractère violent de ma fille et sa funeste exaltation me donnent aussi les plus cruelles inquiétudes.... Arnold.... je suis une mère malheureuse... je frémis pour votre sort à venir... tu ne reverras plus ta bonne tante... qui t'aimait comme son propre fils... Je sens que je n'ai plus que quelques jours à vivre.... Oh! mon cher Arnold, puisses-tu ne jamais revenir à Stockolm, et être plus heureux ailleurs! J'adresserai au ciel cette prière jusqu'au moment où je quitterai pour jamais cette terre... Adieu... Arnold... adieu pour toujours. »

Ces dernières paroles de ma tante que j'aimais comme une mère, produisirent sur moi un effet foudroyant; elle les avait prononcées avec une sorte de véhémence, et je croyais voir dans ces derniers accens de ma tante expirante, la prédiction de nombreux malheurs. M. de Stéting ne me laissa pas le tems de réfléchir davantage sur le discours de ma tante, et me dit assez brusquement qu'il était tems de partir. J'embrassai de nouveau ma tante et Ernestine, et je les laissai toutes deux sans connaissance.

Mon oncle m'accompagna à bord avec plusieurs de nos amis, me recommanda au capitaine, lui glissa quelques mots dans l'oreille, et prit congé de moi.

Le surlendemain de notre embarquement, nous mîmes à la voile. Après toutes les secousses que j'avais reçues, j'avais grand besoin de distraction, et je cherchai à oublier mes douleurs, en me livrant avec zèle aux exercices de ma nouvelle profession. Malgré le travail opiniâtre auquel je me livrais, le souvenir d'Ernestine était toujours présent à ma pensée ; les adieux de ma malheureuse tante, me précipitaient dans une foule de réflexions plus noires les unes que les autres. J'essayais d'attribuer ses craintes à l'affaiblissement physique et moral où elle était ; mais j'avais encore le billet d'Arthur, et d'ailleurs, combien de fois n'avais-je point blâmé le caractère impérieux et hautain d'Ernestine ? Bref, toutes ces idées, en se heurtant dans mon imagination, me plongeaient dans une sombre mélancolie ; j'adorais Ernestine, et j'aimais à me la représenter sans défauts. « Si mon amie n'est point une femme accomplie, me disais-je, c'est à la faiblesse de ses parens qu'elle en est redevable. Il n'y a plus maintenant que l'autorité d'un époux qui puisse redresser son caractère, et la corriger de ses défauts. Ernestine m'aime, son cœur n'est pas gâté, et je réussirai à lui inspirer de l'amour pour la vertu. » Cette idée me souriait, et je conçus l'espérance de vivre un jour heureux avec Ernestine.

A notre arrivée à Saint-Barthélemy, le capitaine me remit une lettre de M. de Stéting. Je me hâtai d'en rompre le cachet, et je lus ce qui suit :

» Mon cher Arnold, tu ne saurais croire
« combien ton absence nous cause de chagrin,
« mais tu sais aussi combien elle était nécessaire.

« C'est avec le plus grand regret que je t'or-
« donne de ne revenir en Suède qu'au bout de
« deux ans, à compter du jour de ton arrivée à
« Saint-Barthélemy. Il me faut tout ce tems-là
« pour préparer Arthur, et lui faire déposer la
« haine qu'il t'a jurée; il n'a point un cœur in-
« sensible, et j'espère parvenir à le réconcilier
« avec toi. Du reste, je tiendrai tout ce que je
« t'ai promis ; attache-toi à ton état, afin d'ob-
« tenir bientôt de l'avancement. M. Bardener,
« négociant à Saint-Barthélemy, est chargé de
« pourvoir à tous tes besoins; observe rigou-
« reusement mon ordre, et je serai toujours ton
« ami et ton oncle, »   STÉTING.

Deux ans ! m'écriai-je, deux ans sans voir Ernestine! Oui, mon oncle, quelque rigoureuse que soit votre volonté, je m'y soumettrai sans murmure, votre neveu sera toujours digne de votre tendresse. »

« Mais, me dis-je ensuite, M. de Stéting n'a-t-il pas trop présumé de son empire sur son fils, en croyant parvenir à le guérir de la haine éternelle qu'il m'a jurée? Cependant, je n'en désespère point encore; avec quel plaisir je volerais dans ses bras! avec quelle joie je lui pardonnerais le mal qu'il m'a fait! ce jour serait le plus heureux de ma vie! »

Après un court séjour à Saint-Barthélemy, M. Bardener me dit que je ne devais point perdre de tems, et qu'il allait me faire embarquer pour la Martinique : je n'appartenais plus à la marine Royale, je naviguais alors pour le commerce. La fortune me souriait et, dans plusieurs voyages que je fis aux Antilles et aux États-Unis, sous les ordres d'habiles marins, je m'étais mis en état de conduire et de commander un bâtiment.

Pendant mon absence, M. Bardener s'était fait armateur; il s'assura de mes connaissances nautiques et commerciales, m'offrit de m'équiper et charger un bâtiment, et de naviguer pour mon propre compte. J'acceptai avec d'autant plus de plaisir, que mes deux années étaient à leur terme, et que le chargement de mon navire était destiné pour un négociant d'Amsterdam, ce qui me rapprochait de ma patrie et d'Ernestine.

Je ne vous donnerai point les détails de ma séparation d'avec le bon M. Bardener et sa famille ; mais je vous dirai que ce brave et honnête homme prévoyait tous les malheurs qui allaient fondre sur moi, si j'allais rejoindre la famille Stéting ; il connaissait la faiblesse de caractère de mon oncle, la perfidie d'Arthur et l'inconséquence d'Ernestine. « D'après tout ce que j'ai appris de cette famille par vous et par d'autres, ajouta-t-il, je n'augure rien de bon pour vous ; il me semble que vous êtes à la veille d'être la victime de quelque sinistre catastrophe ; je ne saurais me délivrer de cette idée. Ainsi, mon cher Arnold, agissez avez la plus grande circonspection, et ayez toujours un œil ouvert sur vos ennemis. S'il vous arrive quelque malheur, accourez au milieu de vos amis chercher des consolations, nous nous ferons un plaisir de vous prodiguer nos soins et notre amitié ; regardez toujours ma maison comme la vôtre. Adieu, Arnold, partez et souvenez-vous de vos amis. » Mon voyage fut des plus heureux ; en cinquante-trois jours j'arrivai à Amsterdam. Je passai un mois dans cette ville, tant pour le débarquement et la vente de mes marchandises, que pour prendre un autre chargement très-riche pour Stockolm. Mes deux années étant révolues, je mis à la voile pour la capitale de la Suède. A mesure que j'avançais, mon cœur battait avec violence, et j'éprouvais une foule de sensations diverses dont je n'étais pas le maître, et dont je ne pouvais me rendre compte.

Je n'étais plus qu'à soixante lieues de ma terre natale, lorsque les nuages s'amoncelèrent sur nos têtes; la mer grossit d'une manière effrayante; un ouragan épouvantable nous força de nous éloigner de la côte, et de louvoyer à deux cents lieues au large; le troisième jour, le tems se calma, et nous permit de reprendre notre route; le septième, nous arrivâmes à Stockolm. L'extrême impatience que j'avais de revoir Ernestine et mon bienfaiteur, me fit oublier les ordres que j'avais à donner à mon bord, et je me rendis en toute hâte chez M. de Stéting. A mon aspect, les domestiques s'écrièrent : c'est M. Arnold, c'est M. Arnold! Aussitôt Ernestine accourut au-devant de moi, se précipita dans mes bras, et nous répandîmes un torrent de larmes. Après les premiers épanchemens, elle me prit par la main, et me conduisit auprès de mon oncle, qu'une maladie aiguë retenait au lit depuis six mois. L'altération et le changement que j'observai sur sa physionomie, ne m'annonçaient que trop clairement qu'il ne lui restait plus long-tems à vivre.

Après lui avoir prodigué mes caresses, et inondé son visage de mes larmes, il me dit, d'une voix éteinte et tremblante : « Ta tante n'est plus.... Arnold.... je sens que je ne tarderai pas à la rejoindre dans la tombe.... Arthur.... est ici.... j'ai obtenu pour lui un congé, pour qu'il réglât les affaires de la famille... » Il allait continuer à me parler, lorsque Arthur entra brusquement, et sans aucun ménagement pour la situation de son père. Je me levai, et j'allai au-devant de lui, en lui tendant les bras pour l'embrasser. «Permettez, mon cher Arthur que...». Il ne me laissa point achever, me repoussa d'un violent coup de poing dans la poitrine, me lança un regard menaçant, et se retira sans dire un mot. Cette scène porta un coup mortel à mon oncle ; Ernestine fit éclater son indignation contre son frère et, de mon côté, je fus si humilié d'avoir reçu un affront aussi sanglant, que je jurai, en moi-même, d'en tirer une vengeance éclatante. Je n'étais plus d'un âge, ni d'un caractère à endurer de tels outrages. Mon oncle rompit le premier le silence en me disant, d'une voix étouffée : « Arnold, mon ami.... va...

rends-toi dans ta chambre.... tu dois avoir besoin de repos.... viens me voir demain matin.... j'ai des choses importantes.... à te communiquer. »

Je pris congé de mon oncle et d'Ernestine et me retirai dans mon appartement.

Je me promenais dans ma chambre avec une extrême agitation : mon esprit était bourrelé par le souvenir des événemens qui venaient de se passer, lorsqu'on frappa rudement à ma porte. J'allai ouvrir, c'était Arthur avec le second de mon bâtiment et un autre officier de marine qui m'était inconnu. En le voyant : » viens-tu pour me rendre ton amitié, m'écriai-je ? — Silence, point de mots inutiles, rappelle-toi le billet que je t'ai laissé à mon départ pour mon régiment ; tu n'as point suivi l'avis que je te donnais de quitter vivant la maison de mon père; hé bien ! la mort va t'en séparer pour toujours. Choisis l'une de ces deux épées et défends-toi. — « Quoi ! m'écriai-je, dans la maison de votre père ? — « Défends-toi, te dis-je, reprit-il avec l'accent de la rage... » Je n'eus que le tems de me mettre en garde, il fondit sur moi avec tant de furie, qu'il s'enferra de lui-même et tomba mourant à mes pieds.

Le duel est défendu en Suède, sous peine d'un emprisonnement perpétuel ; c'est pourquoi Arthur alla chercher dans le port deux étrangers pour nous servir de témoins. Par un effet du hazard, il rencontra mon second qui, inquiet de ne m'avoir pas vu revenir le soir à bord, s'informait à tout le monde de ma demeure. Il s'adressa aussi à Arthur. « Ha! lui dit mon cousin, vous connaissez Valterstrom, j'en suis fort aise, vous allez lui servir de témoin dans une affaire d'honneur, à condition que vous garderez le plus grand secret sur tout ce que vous allez voir; d'ailleurs votre vie en dépend. »

Au désespoir de ce funeste événement, je me jetai sur le corps sanglant de mon cousin, en le suppliant de me pardonner. — « Non, non, jamais, c'est dans l'enfer, où nous nous rencontrerons, que... » La mort ne le laissa point achever. Les témoins ne pouvaient me tirer de l'accablement que faisait naître en moi l'horreur d'une telle situation. Il était cependant fort urgent de songer à ma sûreté, et d'abandonner la maison. Les témoins me pressèrent vivement en me mettant sous les yeux le danger inévitable auquel je m'exposais. Il était minuit, tout le monde était plongé dans un profond sommeil. Nous ôtâmes nos chaussures et descendîmes au jardin dans le plus grand silence. Un côté du jardin donnait sur la rue; nous nous aidâmes mutuellement à franchir la muraille, et nous parvînmes à l'escalader. — « Où irons-nous maintenant, leur dis-je? la mort ne me causerait aucun effroi, mais je ne puis supporter l'idée d'être enfermé dans une prison perpétuelle. » Le témoin étranger me proposa de me conduire chez son frère ; « c'est un brave et honnête homme, me dit-il, il se fera un plaisir de vous être utile dans la situation embarrassante où vous vous trouvez; c'est un des chefs du port et de la rade ; comptez aussi sur moi, ajouta-t-il, je suis logé chez lui, j'ai la clef de la maison et je vous introduirai dans ma chambre où vous resterez caché jusqu'à ce que nous ayons trouvé un moyen sûr de vous soustraire aux recherches de la justice. Quant à vous, monsieur, dit-il à mon second, vous resterez avec nous jusqu'au jour, pour vous rendre à bord de votre bâtiment. Je n'ai pas besoin de vous recommander le plus grand secret sur cette malheureuse affaire, vous en connaissez aussi bien que moi toute l'importance. »

Mon second et mon nouvel ami me tenaient au courant de tous les bruits qui circulaient dans la ville sur la mort du fils de M. de Stéting. Les armes qu'on avait trouvées auprès de lui dans ma chambre en indiquaient assez l'auteur. Ensuite j'appris par le témoin d'Arthur, M. Ruitter, que le lendemain de cette fatale catastrophe, mon oncle ne me voyant pas venir auprès de son lit, comme il me l'avait recommandé la veille, m'envoya un domestique pour m'appeler; celui-ci trouvant ma porte ouverte, et voyant son jeune maître étendu sur le carreau et baigné dans son sang, jeta les hauts cris et appela au secours. L'alarme se répandit aussitôt dans toute la maison, la rumeur et l'épouvante étaient à leur comble.

Lorsque M. de Stéting apprit la mort de son fils et ma fuite précipitée, il tomba dans un état de faiblesse qui fit craindre pour ses jours. Ernestine, en qui l'amour avait éteint tout autre sentiment, ne déplorait que ma fuite. Elle apprit même avec indifférence la nouvelle de la mort de son frère. Personne ne le regretta, tant il s'était fait haïr de tous ceux qui l'entouraient; son père seul lui donna quelques larmes.

M. Ruitter achevait à peine son récit, lorsqu'on vint lui annoncer que quelqu'un demandait à lui parler. Il rentra un instant après avec mon second, M. Malerstett, qui me dit dans le plus grand trouble : « Grand Dieu! capitaine, nous sommes perdus; la justice est venue à notre bord et a procédé à la confiscation du bâtiment et de la cargaison. On nous a tous accablés d'une foule de questions ; mais c'était bien inutilement, puisque j'étais le seul témoin de votre malheureuse affaire. On s'est emparé de tout et on a renvoyé tout votre monde. Le quai était inondé d'une foule de curieux ; on remarquait entr'autres une jeune et jolie demoiselle, aux cheveux blonds, qui demandait à tous nos matelots s'ils vous connaissaient, les priait en grâce de lui donner de vos nouvelles et de lui apprendre le lieu de votre retraite. Les matelots, ne pouvant lui répondre d'une manière satisfaisante, l'adressèrent à moi ; elle me pressa vivement et me dit : « Oui, monsieur, je vois à l'expression de votre physionomie que sa demeure vous est connue ; dites-moi, je vous en conjure, où il est, je veux le voir encore une seule fois et mourir à ses pieds. » L'espèce de fureur qu'elle mettait à ses questions, le feu de ses regards, les larmes amères qu'elle répandait m'attendrirent en sa faveur. Cependant, pour ne point commettre d'imprudence : « mademoiselle, lui dis-je, je ne connais point encore le lieu de la retraite de M. Valterstrom ; bientôt, peut-être, je le connaîtrai ; veuillez, en vous promenant, vous rendre sur le quai demain sur les huit heures du soir, et j'aurai l'honneur de vous donner une réponse définitive. » Elle m'accabla de remercîmens et s'éloigna.

M. Ruitter, qui était présent à ce récit, prit la parole en ces termes : « La confiscation de votre bâtiment et de sa cargaison est un grand malheur, sans doute ; j'avais déjà obtenu de mon frère de vous laisser partir avec votre chargement ; cela ne tenait qu'à lui ; mais, puisque la chose est ainsi, il s'agit d'aviser à un autre moyen de vous sauver. Je vous promets de m'en occuper sans perdre de tems. Quant à la jeune personne, si vous êtes bien sûr de sa discrétion, je ne vois pas d'inconvénient à ce que vous la receviez. »

« Mon ami, lui dis-je, cette jeune personne est ma cousine et mon amie ; je crois que la prudence exige qu'elle ignore le lieu de ma retraite, j'ai tout à craindre de la fougue de son caractère passionné. — Mais enfin, dit mon second, que lui dirai-je ce soir au rendez-vous que je lui ai assigné ? — Que vous ne pouvez point encore la satisfaire. »

Ernestine s'était exactement rendue sur le quai à l'heure convenue ; elle y trouva mon second qui ne put encore lui faire de réponse satisfaisante. Elle lui demanda son nom et sa demeure. M. Malerstett, sans aucune réflexion et n'imaginant pas qu'il y eût la moindre indiscrétion à la contenter sur ce point, lui donna son nom et son adresse. Ernestine le quitta avec un air fort triste, en lui disant qu'elle aurait l'avantage de l'aller voir en son logis. Elle alla sur-le-champ chez une marchande, prit des habits d'homme et, à la faveur de son déguisement, elle se rendit à la demeure de M. Malerstett, afin d'épier toutes ses démarches. Au moment où elle arrivait à la porte, mon second sortait pour venir chez moi, me faire part de tout ce qu'il avait appris dans la journée. Déjà minuit était sonné, lorsque M. Malerstett frappa doucement à la porte de la maison. Ernestine, qui l'avait suivi de très près, se précipita après lui dans la maison, en lui disant tout bas : « Je suis Ernestine de Stéting ; je viens pour voir mon cousin, je veux absolument lui parler, je sais qu'il est caché dans cette maison et je ne m'en irai qu'après l'avoir vu. »

J'entendis sa voix ; je tremblai qu'elle ne réveillât les domestiques qui ignoraient encore qu'il y eût quelqu'un de caché dans la maison. Pour lui persuader que ce n'était point pour elle que je m'enveloppais d'un profond mystère, je la reçus dans ma chambre. Entre mille extravagances que lui suggéra sa passion, elle jura de ne plus sortir qu'avec moi. « Ordonne qu'on fasse venir un ministre, me dit-elle, afin qu'il nous unisse secrètement ; ce n'est qu'alors que je sortirai ; je ne serai absente que pendant le peu de tems qu'il me faudra pour rentrer chez mon père et enlever une cassette contenant une somme considérable en or que m'a laissé ma mère en mourant. A mon retour, ajouta-t-elle, comme nous ne pouvons nous sauver par terre à cause des ordres sévères donnés pour ton arrestation, j'achèterai un bâtiment, je l'équiperai, et nous nous rendrons en France ; j'ai toujours beaucoup aimé ce pays et j'ai le plus grand désir de le voir. »

La chaleur qu'elle mit, en prononçant ce discours extravagant, m'effraya ; je la conjurai de se calmer et d'écouter avec attention les observations sensées que j'allais lui faire :

« Ton inexpérience et le peu de connaissance que tu as des usages du monde te font adopter tous les projets qui sourient à ton imagination ; tu ne calcules pas la possibilité de leur exécution. Crois-tu trouver, en Suède, un ministre assez vénal pour se charger la conscience d'un acte aussi peu digne de la sainteté de son caractère ? Ah ! Ernestine, je ne reconnais plus, dans ta manière d'agir, ces sentimens de douceur, de bonté, que je me plaisais à admirer en toi. Pourrais-tu bien abandonner ton malheureux père au lit de la mort, sans être en proie aux remords les plus cuisans? Ernestine, impose un moment silence à ta passion et suis l'impulsion de ton cœur; va remplir un devoir sacré, va consoler ton infortuné père. La religion, la nature t'en imposent l'obligation, et tu ne seras point sourde à leur voix impérieuse. Si M. de Stéting revient à la vie, il consentira à notre union; il nous donnera sa bénédiction, et nous aurons le doux contentement de n'avoir jamais dévié du chemin de la vertu. Mais, en persistant dans ton coupable dessein, examine toute la profondeur de l'abime dans lequel tu cours te précipiter. Tu portes le dernier coup à ton père, et il meurt en t'accablant du poids de sa malédiction. La conscience, à laquelle les plaisirs et le tumulte du monde ne sauraient imposer silence, te montrera sans cesse son image. Du fond de la tombe où tu l'auras précipité, sa voix lugubre te reprochera ton crime, et rien ne pourra te soustraire au ver rongeur du remords. Ernestine, reviens à toi-même; sache commander à ton cœur et ne songe plus qu'à remplir tous les devoirs de la piété filiale, si tu ne veux éteindre en moi les sentimens d'amour et d'estime que je t'ai toujours témoignés. Le véritable ami chez lequel je suis caché me fournira les moyens de passer en France, puisque ce séjour te convient de préférence à tout autre. Ton père, rétabli par tes soins, obtiendra facilement du Roi, qui l'estime, la révocation de l'arrêt qui me condamne. Dans le cas où ton père terminerait sa carrière, tu serais alors la maîtresse absolue de tes actions et rien ne t'empêcherait enfin de venir me rejoindre en France. »

Ernestine me laissa achever mon discours, sans m'interrompre. Tout d'un coup elle se leva, l'œil hagard, l'air égaré : « Ah! perfide, s'écria-t-elle, c'est en vain que tu voudrais m'abuser; non, non, je ne te quitte plus; et si tu persistes dans tes refus, je cours te dénoncer à la justice et te faire arrêter comme l'assassin de mon frère. Si l'on me fait la moindre violence, mes cris attireront assez de gens qui ne demanderont pas mieux que de gagner le prix auquel ta tête a été mise. » Ernestine était d'une beauté rare; mais, en ce moment, elle parut à mes yeux si hideuse, que je crus voir en elle une furie sortie des enfers. Plus je voulus faire d'efforts pour la calmer, et plus sa fureur augmentait : elle était tout-à-fait hors d'elle-même.

Dans une pareille alternative, il fallait opter ; je ne pouvais que me livrer entre les mains de la justice, ou condescendre à la volonté d'une femme qui ne m'inspirait plus qu'un souverain mépris. Cependant, pour ne pas compromettre ma liberté qui, pour moi, était un bien inappréciable, je pris le seul parti raisonnable ; je promis à Ernestine de faire tout ce qu'elle voudrait. Elle exigea de moi le serment exécrable, qu'il fallut bien lui faire à genoux, de l'enlever et de l'épouser dans le premier pays étranger où nous arriverions. Je consentis à tout : la crainte de la perte de ma liberté m'eût fait braver toutes les bienséances. Satisfaite de ma complaisance, « maintenant que j'ai ton serment, dit-elle, je vais profiter de la nuit pour rentrer chez mon père, et enlever la cassette dont je t'ai parlé. »

A peine fut-elle partie que M. Ruitter entra dans ma chambre. « Que vous êtes malheureux, me dit-il, j'ai entendu tout votre entretien avec cette fille dénaturée ; voulez-vous que je vous tire de ce mauvais pas ? Votre bâtiment est prêt à mettre à la voile ; mon frère et moi y avons fait un chargement de 4000 rixdallers, vous nous le rendrez quand vous serez plus heureux. Le vent est favorable ; profitez de l'absence de ce monstre pour vous embarquer; toutes les précautions sont prises pour écarter le danger. »

« Estimable ami, lui répondis-je en l'embrassant, je n'oublierai jamais les services éminens que vous m'avez rendus. Je vois, avec le plus grand plaisir, que vous avez fait mon expédition pour Bordeaux. Arrivé dans ce port, je prendrai un chargement de vin pour Saint-Barthélemy, où j'ai laissé des fonds et des amis qui m'aideront à remplir, avec usure et reconnaissance, les engagemens que je contracte avec vous ; mais, pour ce qui est d'Ernestine, j'ai prêté un serment horrible de ne point l'abandonner, de l'emmener avec moi et de l'épouser, et tout serment doit être sacré. »

« Un serment, quelque solennel qu'il ait été, me répondit Ruitter, ne porte plus avec lui ce caractère d'inviolabilité, lorsqu'il a été arraché par la force; d'ailleurs, devez-vous vous faire un cas de conscience de ne point commettre un crime, parce que vous auriez juré de vous en souiller? Il y a, dans cette manière de voir, un peu de faiblesse de caractère. Vous savez, mon cher Arnold, que c'est l'amitié que je vous porte qui me dicte tout ce que je viens de vous dire, et je suis au désespoir de vous voir en proie aux caprices d'une femme qui, malgré sa beauté, vous rendra le plus malheureux des hommes. Vous méritez un meilleur sort ; croyez-moi, partons, il en est tems encore, et laissez

Ernestine donner ses soins à un père mourant. »

Convaincu de la justesse du raisonnement de Ruitter, j'allais le suivre chez son frère, lorsqu'Ernestine frappa à la porte. Il était inutile de temporiser; je lui ouvris, et elle entra avec une vieille femme qui portait son trésor : après l'avoir récompensée, elle la congédia. « Ernestine, lui dis-je, il n'y a pas un instant à perdre, embarquons-nous!—Tu serais donc parti sans Ernestine, reprit-elle avec humeur, si elle eût tardé davantage? » je l'assurai que j'étais convaincu qu'elle arriverait à tems.

Mes deux amis me conduisirent à bord de mon bâtiment; nos adieux furent touchans, et ils se retirèrent les larmes aux yeux, en me souhaitant une chance plus heureuse.

Après vingt-deux jours de traversée assez favorable, nous arrivâmes à Bordeaux. Je descendis à terre pour louer un petit appartement. Nous avions fort peu de tems à y séjourner, car je n'avais qu'à échanger mes marchandises contre un chargement de vins. Quoique notre logement fût très-propre et fort commode, Ernestine ne le trouva point de son goût, et en choisit elle-même un magnifique. A peine y étions-nous installés, qu'elle me rappela la promesse que je lui avais faite de l'épouser.

Malgré les recherches les plus exactes et les plus actives, nous ne pûmes trouver un ministre de notre religion qui voulût se charger de nous unir. Tous exigeaient l'exhibition de nos actes de naissance, et du consentement légal de nos parens. Ernestine avait beau payer d'effronterie, leur assurer que nous étions tous deux orphelins, ils ne voulaient point y croire et se retiraient.

Ma cousine avait un goût décidé pour le faste, les bals, les spectacles, les repas d'étiquette, etc. Elle ne sortait jamais sans avoir fait la toilette la plus recherchée; et, comme la nature lui avait prodigué tous les dons, les petits-maîtres de Bordeaux se disputaient à l'envi l'honneur de plaire à la belle Suédoise.

Il y avait déjà six mois que nous étions dans cette ville; les fonds de la cassette baissaient sensiblement, et mon bâtiment pourrissait dans le port. Je dis alors à Ernestine qu'il était plus que tems de s'embarquer pour Saint-Barthélemy. « Je me plais infiniment en France, me répondit-elle, et nous avons toujours le tems d'aller à Saint-Barthélemy; d'ailleurs, je viens de perdre 25,000 fr., et je ne partirai qu'après les avoir regagnés. — Et mon bâtiment qui va se perdre dans le port! — Eh bien! nous en achèterons un autre.

Huit jours après cet entretien, elle accourut auprès de moi, toute éplorée, en me disant que tout était perdu, que la cassette était épuisée, et qu'il fallait vendre le bâtiment afin de regagner ce qu'elle avait perdu.

Il était plus que tems de prendre une résolution ferme. Je payai nos dettes, je fis les dispositions nécessaires pour mon départ, et ce ne fut qu'au dernier moment que je lui en fis la déclaration « Ma cousine, lui dis-je, je vais m'embarquer, voyez si vous voulez me suivre ? — Mais, mon ami, c'est impossible ; j'ai perdu 10,000 fr. sur notre bâtiment, il faut les payer, les dettes du jeu sont sacrées. — Sacrées ou non, je pars. » En disant ces mots, je la quittais, lorsqu'elle se précipita sur mes pas, en me priant de l'emmener : c'est ainsi que nous partîmes de Bordeaux, en laissant 10,000 francs de dettes.

En quarante-six jours nous arrivâmes à Saint-Barthélemy. M. Bardener me reçut comme un père, et m'offrit un logement chez lui ; ma cousine y eut aussi le sien. Il avait déjà appris en partie les aventures qui m'étaient arrivées à Stockolm, et il me félicita d'avoir échappé à de si grands dangers.

Peu de jours suffirent à M. Bardener et à sa

respectable famille, pour connaître à fond le caractère d'Ernestine.

« Quelle femme vous allez épouser, mon cher Arnold, me disait-il, que vous êtes à plaindre, que de tourmens vous vous préparez! Cependant, il est possible qu'il s'opère en elle un heureux changement; je le désire bien vivement pour vous comme pour elle. »

J'étais avantageusement connu dans ce pays-là, et je n'éprouvai aucune difficulté pour mon mariage, qui eut lieu deux mois après notre arrivée.

Quelques jours après avoir conclu l'acte de mon malheur, Ernestine me dit : « Actuellement que je suis ta femme, et que j'ai une volonté, je te déclare que je ne veux plus habiter la maison de la famille Bardener ; ce sont des gens ridicules, avares ; leur présence m'est devenue insupportable, et je veux louer une maison dans laquelle je jouirai d'une entière liberté, et ne verrai que des gens à ma convenance. — Je pourrai te contenter facilement, mais je ne puis rompre tout d'un coup avec des personnes qui m'ont rendu les plus grands services, qui sont encore dans l'intention de m'être utiles toutes les fois que l'occasion s'en présentera. Je t'engage à prendre un peu de patience, à te conduire avec eux d'une manière honnête et convenable, afin que nous sortions de chez eux encore unis par une sincère amitié. En attendant, je vais m'occuper de l'achat d'une maison commode. — Tu feras fort bien, et que ce soit le plus tôt possible. » Vers le soir, M. Bardener vint me proposer de partager avec lui le plaisir de la promenade. J'acceptai, avec d'autant plus de satisfaction, que je voulais lui communiquer mes projets d'établissement ; mais il me prévint, lorsque nous fûmes seuls : « Mon cher ami, me dit-il, dès que je vous ai vu revenir et descendre chez moi, j'ai éprouvé la plus grande joie ; je je suis et je veux toujours être votre ami et votre protecteur. »

« Maintenant vous voilà marié ; vous allez sans doute vous voir bientôt le père de plusieurs enfans, et vous ne pouvez vous dispenser de faire l'acquisition d'une maison qui soit digne de vous. Ce sera moi qui me chargerai de cela ; si vous ne voulez pas que je prenne le montant du prix de la maison, sur les fonds que vous avez versés entre mes mains, j'en ferai l'avance et nous saurons toujours bien nous arranger ensemble. »

Il ne fallait pas une grande sagacité pour voir, dans cette proposition de M. Bardener, un prétexte honnête pour se délivrer de ma femme.

Je le remerciai de ses offres obligeantes, en le priant de disposer de mes fonds; « mais mon ami, reprit-il, je ne vous ai point encore fait mon présent de noces. Venez, suivez-moi, et surtout, vous me promettez de l'accepter comme de la part de votre meilleur ami. » Je lui assurai que tout ce qui me viendrait de lui me serait toujours infiniment agréable.

Nous arrivâmes bientôt devant une fort belle maison, près de laquelle il me fit arrêter. « Voilà la demeure que je vous ai destinée, elle est votre propriété. »

J'embrassai vivement M. Bardener, et lui témoignai toute ma gratitude. Le lendemain, j'installai Ernestine dans ma nouvelle demeure; les moindres besoins y étaient prévus, M. Bardener s'était chargé lui même de l'ameublement, c'est assez dire que rien n'y manquait.

Ernestine ne tarda point à faire des invitations à toutes ses connaissances; celles-ci en amenaient d'autres, enfin la maison ne désemplissait pas.

Toutes mes observations à cet égard furent superflues, et pour éviter l'aventure de Bordeaux, je pris le parti de ne laisser entre ses mains que l'argent nécessaire pour l'intérieur du ménage. Elle me fit alors les plus vifs reproches sur ce manque de confiance à son égard,

Je fus sourd à ses cris et continuai mon plan d'économie. Dès lors le trouble s'introduisit dans notre ménage, et depuis cet instant le bonheur en fut exilé pour toujours. Ces amis désintéressés, ne trouvant plus chez moi une table recherchée comme autrefois, désertèrent peu-à-peu la maison. Cependant le jeu en attirait encore quelques-uns, entre autres un capitaine de navire marchand, nommé Hurtot, Français de nation ; il était né au Hâvre.

Toujours occupé de mes affaires, il était fort rare que je me trouvasse dans ces sociétés où ma femme faisait tous les frais par son extrême amabilité envers les étrangers. Elle n'aimait point les femmes, et ne recherchait uniquement que la société des hommes.

Quoique Ernestine n'eût plus aucune relation avec la famille Bardener, j'avais continué mon commerce d'amitié avec lui. Un jour il me proposa un voyage très-avantageux pour lui et pour moi à la Martinique. J'en fis part à ma femme qui, loin de chercher à me retenir, comme je l'avais pensé, m'engagea fortement à accepter. Cependant la froideur dans laquelle nous vivions depuis quelque tems, aurait dû diminuer la surprise que son indifférence me causa.

Elle s'empressa de faire mes malles et d'entasser effets sur effets. J'eus beau lui dire que, pour une absence de deux mois, il ne me fallait pas tant de choses, « n'importe, me répondit-elle, n'importe, je ne veux pas que tu en manques. »

Le lendemain je pris congé d'elle; elle versa beaucoup de larmes, et je crus avoir recouvré sa tendresse.

J'arrivai à la Martinique, j'eus le bonheur d'y faire d'excellentes affaires, et mon absence ne fut que de six semaines. Quelle fut ma surprise, en arrivant à Saint-Barthélemy, où j'avais fait savoir le jour de mon arrivée, quelle fut ma surprise, dis-je, de ne pas voir ma femme accourir au-devant de moi. Comme de coutume, le port était rempli de curieux, et je n'y voyais pas Ernestine.

Enfin M. Bardener vint se jeter à mon cou, et m'apprit, en versant des larmes, que huit jours après mon départ, Ernestine avait pris la fuite avec le capitaine Hurtot; que la maison était fermée et que, pendant la nuit, ils avaient fait transporter à bord du navire français, tout ce qu'elle contenait, sans même en excepter les meubles.

La foudre tombant à mes pieds ne m'eût pas atterré davantage que cette affreuse nouvelle. Cependant, loin de donner des regrets à la perte d'un être aussi vil et aussi dépravé, j'aurais dû m'estimer fort heureux d'en être délivré, et ne plus penser qu'au bonheur d'être libre ; mais mon amour-propre, vivement blessé, m'imposait la loi de poursuivre ces deux misérables pour tirer une vengeance éclatante de cet affront sanglant.

J'appris que la destination du chargement du capitaine Hurtot était pour le Hâvre. Je pris aussitôt une cargaison pour ce port, et m'embarquai de suite. Mon voyage fut très-prompt, mais pas assez encore pour empêcher un événement épouvantable.

Arrivé au Hâvre, je mis tout en œuvre pour découvrir le capitaine Hurtot ou sa famille. Enfin j'appris par son frère, brave et honnête négociant, que M. Hurtot était marié et père de famille, qu'il y avait trois semaines qu'il était arrivé au Hâvre, amenant avec lui une jeune femme fort belle, qui était débarquée pendant la nuit, et avait loué en ville un logement dans une maison particulière. « Malgré toutes les précautions qu'il a prises, pour échapper à tous les yeux, ajouta-t-il, j'ai été, un des premiers, informé de sa conduite scandaleuse. Je lui ai fait, à ce sujet, tous les reproches qu'il méritait, et lui ai donné les conseils les plus salutaires. J'ai perdu mon tems et ma peine. Cette femme lui avait tourné la tête; il en était tellement jaloux qu'il la tenait toujours enfermée. Celle-ci, ennuyée d'une existence à laquelle, sans doute, elle n'était point habituée, se fit de nouveau enlever par un capitaine marchand, Provençal de Marseille, nommé Dubourdier, qui logeait dans la même maison qu'elle. »

« Mon frère au désespoir, en apprenant la fuite de sa belle prisonnière, prit aussitôt la poste et se rendit à Marseille. Voilà, monsieur, pour le moment, tout ce que je puis vous apprendre; si vous fussiez arrivé six jours plus tôt, vous auriez encore retrouvé cette femme à laquelle vous paraissez prendre un vif intérêt. Elle est bien loin de le mériter, car le vice paraît être son élément. »

— « Il est trop vrai, monsieur, que je prends intérêt à cette malheureuse, et cet intérêt est celui d'un époux outragé. Le sentiment de la vengeance est le seul qui m'amène sur ses pas; je pars à l'instant pour Marseille. » — « Arrêtez, reprit ce brave et digne homme, arrêtez, et ne précipitez rien : je vous prie en grâce, par ménagement pour ma famille et votre propre honneur, d'ensevelir cette malheureuse affaire dans l'oubli le plus profond; si elle devenait publique, elle me ferait un tort irréparable. Vous avez trop de raison et d'humanité, pour sacrifier des gens probes et honnêtes, au plaisir de vous venger d'une femme pareille. Je vous offre ma maison et tout ce que vous pourrez désirer. Mon frère m'a promis de m'écrire à son arrivée à Marseille où nous avons des correspondans et des affaires commerciales. Laissez-moi conduire la chose sans bruit : je saurai par les amis que j'ai en Provence, si mon frère a retrouvé votre femme. S'il revenait avec elle, j'irais moi-même au-devant de lui, et j'arrangerais toute cette affaire, sans que votre réputation et celle de ma famille en reçussent aucune atteinte. Je conçois tout ce qu'a de pénible votre situation : mais croyez-moi, monsieur, appelez la philosophie à votre secours; acceptez les offres que je vous fais du meilleur cœur du monde, et attendez avec patience que nous ayions reçu quelques nouvelles de Marseille. »

Le ton de franchise et de bonhomie, avec lequel il me tint ce discours, me pénétra d'admiration et de respect pour ses vertus, et je le laissai l'arbitre absolu de ma conduite en cette circonstance.

J'acceptai le logement qu'il m'avait offert de si bonne grâce. Les denrées coloniales qui composaient mon chargement furent débarquées dans ses magasins, et je m'en défis avec un grand bénéfice.

Déjà un mois s'était écoulé et nous n'avions point encore reçu de nouvelles de Marseille. Je passais les nuits dans une agitation cruelle. Le sommeil fuyait mes paupières, et ces pénibles insomnies fournissaient à mon imagination une nouvelle source de tourmens. Je me rappelais Ernestine avec toutes les grâces de la jeunesse ; je la voyais aimante, douce, compâtissante, me prodiguant les caresses naïves d'un premier amour, je lui prêtais toutes les vertus pour en faire un être parfait. Tout d'un coup le voile se déchire, le charme cesse et je ne vois plus, dans cette inappréciable Ernestine, qu'un monstre d'ingratitude. La triste vérité déroule devant moi les replis de ce cœur dépravé; son fol orgueil, son caractère altier, tous les vices qu'entraîne après lui un amour effréné pour le faste, se reproduisent à mon imagination frappée. Un changement aussi extraordinaire et aussi prompt me paraissait un phénomène incompréhensible. C'est ainsi que je regrettais certaines époques du passé, que je maudissais le présent et que je me faisais de l'avenir un fantôme effrayant. « Il est donc vrai, m'écriai-je alors, que, jusqu'à présent, ma vie n'a été qu'un long rêve! Dieux! quel funeste réveil vous me réserviez! O ma malheureuse tante! les derniers accens de votre voix expirante étaient donc réellement prophétiques; jamais ils ne sont sortis de ma mémoire. Je bénis encore la providence de ce que la mort, en vous arrachant à notre amour, vous a dérobé la connaissance des malheurs qui ont plané sur notre famille infortunée! »

Cependant, au bout de quelque tems, je m'aperçus d'une altération très-sensible sur la physionomie de mon hôte. Il semblait me fuir, et de tems en tems laissait échapper de profonds soupirs. Comme il était armateur, j'attribuai d'abord sa tristesse à quelque perte considérable. Un matin, je ne pus vaincre mon inquiète curiosité; je m'approchai de lui : « Vous avez, lui dis-je, l'inappréciable talent de consoler vos amis; mais, depuis quelques jours, je me suis aperçu que vous avez vous-même grand besoin de consolation, si j'étais assez heureux... — Non, non, mon ami, me répondit-il avec l'accent d'une douleur profonde, rien au monde ne pourra me faire oublier la perte de mon frère. — Comment! votre frère! — Oui, mon frère! un événement affreux!... tenez, lisez! »

A ces mots, il me présenta une lettre d'un de

ses correspondans de Marseille ; j'ouvris la lettre en tremblant, et j'y lus ce qui suit :

Mon cher Hurtot,

« J'ai long-tems hésité avant de me déterminer à vous faire part de la fin tragique de votre frère. Mais vos affaires pourraient en souffrir ; d'ailleurs on ne saurait vous cacher long-tems cette malheureuse nouvelle ; c'est pourquoi je crois devoir vous en donner les détails.

A son arrivée à Marseille, votre frère se présenta chez moi ; je le reçus comme on reçoit un ami, et lui offris un logement dans ma maison. Il refusa, en prétextant des affaires d'une importance majeure. Il venait me voir souvent, et tous les jours nous nous rencontrions sur le port où il paraissait attendre l'arrivée d'un bâtiment. Il était toujours distrait, rêveur, et je m'étonnais de ne plus voir en lui ce caractère jovial que je lui avais connu autrefois.

Un jour, nous étions ensemble sur le port, les armateurs aperçurent, entr'autres bâtimens, celui du capitaine Dubourdier. « Dubourdier ! s'écria aussitôt votre frère ; Dieu soit loué ! je l'ai enfin trouvé. » A peine le bâtiment fut-il à l'ancre, que Hurtot s'élance dans un canot et se fait conduire à bord. Il accoste Dubourdier : « Scélérat, s'écrie-t-il, qu'as-tu fait de ma femme? — *Scélérat!* reprit Dubourdier d'un air moqueur, mais cette femme ne t'appartenait pas plus qu'à moi; d'ailleurs, dans ce moment elle n'est plus la femme de personne. — Quoi! malheureux! l'aurais-tu noyée? — Elle n'a pas eu besoin de moi pour se procurer ce plaisir, ce n'est pas ma faute à moi si elle a voulu naviguer sans bâtiment. » Après ce court colloque, Hurtot provoqua le capitaine Provençal en duel; celui-ci lui dit : « Se battre pour une femme vivante, c'est déjà une grande sottise; mais c'est bien le comble de la folie de se battre pour une femme morte; cependant, si cela peut vous faire plaisir, je suis votre homme. » Hurtot descendit aussitôt à terre et alla trouver l'autorité judiciaire pour demander une enquête sur la mort de la malheureuse Ernestine. On donna les ordres les plus sévères de ne laisser débarquer personne, avant que l'on eût procédé à l'interrogatoire. Deux officiers de marine déposèrent que, dès l'instant où le capitaine était venu à bord avec cette jeune femme, il l'avait enfermée dans sa chambre; que tout l'équipage, à l'exception d'un mousse, avait la défense d'en approcher. « Tous les jours et même la nuit, ajoutaient-ils, nous avons entendu les gémissemens de cette malheureuse; elle criait souvent au secours, et nous avons vu clairement qu'elle se refusait à satisfaire la brutalité du capitaine ; nous avons même entendu les coups qu'il lui donnait, en proférant d'affreux juremens. Plusieurs fois nous avons été tentés d'enfoncer la porte pour voler au secours de cette infortunée ; mais nous avons craint de nous attirer la vengence du capitaine, et comme notre voyage ne devait pas être long, nous crûmes qu'arrivée à Marseille, elle parviendrait à se soustraire elle-même à sa tyrannie. »

» Enfin, un jour qu'elle poussait des cris plus aigus qu'à l'ordinaire, le ciel s'obscurcit, le vent souffla avec violence et une affreuse tempête s'annonça. Nous allâmes avertir le capitaine du danger qui nous menaçait ; aussitôt Dubourdier monte sur le pont et prend le commandement de la manœuvre. Dans son empressement, il oublie de fermer sa porte à clef; la malheureuse profite de cette circonstance, s'élance sur le pont et se précipite dans la mer, qui était si houleuse qu'il fut impossible de porter secours à cette femme, ni même de l'apercevoir. »

» Voilà, M. le juge, dirent-ils, ce que nous pouvons affirmer par serment, et ce que tout l'équipage pourra certifier comme nous. »

On poursuivit l'information, et il n'y eut

qu'une seule voix sur la conduite infâme du capitaine.

Votre frère suivit le procès avec toute l'activité possible ; mais il était constant qu'Ernestine s'était détruite volontairement. Les dépositions n'étaient que des probabilités et, au grand étonnement de tout le monde qui croyait l'affaire de Dubourdier très-grave, il fut acquitté et votre frère condamné aux frais de la procédure.

Ce jugement mit votre frère hors de lui-même; il rencontra le capitaine sur le port, se jeta sur lui et lui mordit la joue avec une telle violence, que le morceau fut enlevé. On les sépara et ils jurèrent de se battre à mort. Le dehors de la citadelle fut le lieu choisi pour être le théâtre de leur combat. Ils mirent l'épée à la main avec une égale fureur et, animés tous deux par la haine la plus implacable, ils fondirent l'un sur l'autre sans ménagement. Tous deux tombèrent sous le même coup! Votre frère expira sur la place, et Dubourdier fut blessé mortellement. »

C'est ainsi, mon ami, me dit le capitaine Valterstrom, que le printems de ma vie s'est passé dans une douleur continuelle. Mon malheureux oncle mourut de désespoir, après la fuite de sa fille et de son neveu. N'ayant plus d'héritiers, tous ses biens retournèrent à la couronne. Le jugement qui me condamnait à un emprisonnement perpétuel m'ôtait tous mes droits à cet héritage. Vous voyez, mon cher ami, que, quelques malheurs que vous ayez éprouvés, vous êtes encore loin d'avoir passé par les épreuves auxquelles une puissance surnaturelle m'a cependant arraché. Je désire vivement que vos malheurs aient aussi un terme, et je ferai pour vous tout ce qu'un ami véritable peut faire pour un ami malheureux. A ces mots il m'embrassa, et nous nous jurâmes de nouveau un attachement inviolable.

CHAPITRE VIII.

Madagascar.—Départ pour Saint-Barthélemy.—Souffrances et privations. — Mutinerie appaisée. — Rencontre d'un Corsaire. — Reconnaissance en mer. — L'auteur change de vaisseau et de route.

LE lecteur se rappelle, sans doute, que le même jour où les Anglais vinrent faire des perquisitions à notre bord, nous mîmes à la voile pour Madagascar. J'ai dit également que rien d'intéressant n'avait signalé notre voyage. Nous arrivâmes le trente-cinquième jour. Notre séjour dans cette île fut de six semaines; mais, pendant ce laps de tems, une forte indisposition m'empêcha de me livrer aux observations que je faisais toujours à mon arrivée dans un pays nouveau. Je remarquai seulement les naturels de cette partie de l'Afrique; je n'aurais pas voulu être condamné à vivre parmi eux. Jamais je n'ai vu de peuples plus hideux. Les hommes, du moins ces êtres affreux auxquels on y donne ce nom, sont d'une laideur repoussante : ceux de la plus haute taille que j'aie vus n'avaient guère que quatre pieds et deux pouces. Les femmes sont beaucoup plus petites encore ; elles ont la tête d'une grosseur prodigieuse, le front saillant, les yeux très-petits et très-enfoncés, le nez extrêmement large et épaté, la bouche énorme, les lèvres d'une épaisseur dégoûtante, mais entre lesquelles on remarque de superbes dents, fort bien rangées et d'une blancheur éblouissante. On m'a assuré que dans cette contrée, ce que je regardais comme des difformités, compose les agrémens de ce vilain beau sexe.

Dans tous les pays que j'ai parcourus, pour peu que j'y eusse séjourné, je regrettais toujours quelque chose ; dans celui-ci, au contraire, je ne soupirais qu'après le départ. Je pressais le capitaine Valterstrom de terminer ses affaires, afin de retourner dans des pays où du moins nous verrions des figures humaines. Nous mîmes enfin à la voile pour Saint-Barthélemy. Ce voyage fut long et surtout fort pénible. Nous manquions d'eau douce ; celle que nous avoins prise en Afrique s'était tellement corrompue, qu'elle n'était plus propre à aucun usage. Les gros tems, les vents contraires, nous firent faire fausse route ;

les calmes plats qui succédaient à ces mauvais tems prolongeaient notre traversée d'une manière effrayante. Il y avait déjà trente-deux jours que l'équipage, depuis le capitaine jusqu'au dernier mousse, était réduit à demi-ration. Après le calme, le mauvais tems reprit encore ; les vents contraires recommencèrent à souffler, et le capitaine fut contraint de réduire l'équipage au quart de ration. Les matelots commencèrent à se fatiguer du manque de nourriture et du travail pénible qu'exigeait une navigation, sans cesse au milieu des tempêtes ou des calmes plats. Bientôt ils accusèrent le capitaine; les menaces succédèrent aux murmures. Le maître d'équipage lui-même les excitait à la révolte. Un matelot, Français de nation, m'informa de tout ce qui se passait. Aussitôt, sans rien dire au capitaine, qui dans ce moment s'occupait de ses cartes et de ses calculs de navigation, je m'arme de deux pistolets, d'un poignard, d'un sabre, et je m'élance sur le pont. Je m'adressai au maître d'équipage et lui signifiai d'un ton ferme de donner le coup de sifflet pour rassembler tout le monde. Il me répondit avec insolence qu'il n'obéirait pas à un homme qui n'avait nul droit de lui donner des ordres. « Misérable ! m'écriai-je avec force, obéis, ou c'est fait de toi ! » En disant ces mots, je lui appliquai l'un de mes pistolets sur la poitrine. Intimidé d'un mouvement qu'il était loin de prévoir, il obéit en silence, donna le coup de sifflet, et lorsque l'équipage fut rassemblé, je le haranguai en ces termes :

MATELOTS,

« Vous auriez à vous reprocher la plus cruelle injustice, si vous persistiez à accuser votre brave capitaine du moment de détresse où nous nous trouvons tous : il souffre plus que nous de cette cruelle position. Un véritable marin doit savoir supporter la misère et les privations presqu'inséparables de cette profession. Il est permis sans doute de se plaindre de son sort, mais il est odieux de conspirer contre un homme qui n'a pas plus d'autorité que vous sur les élémens. Il ne saurait commander aux orages; sachez donc souffrir avec nous. Celui qui, en mer, n'a point de patience, ni de courage, est indigne de la profession de marin. Et vous, maître, dis-je au maître d'équipage, vous êtes un monstre d'ingratitude; vous, en qui votre capitaine avait placé toute sa confiance, vous qu'il honorait de son amitié, vous êtes le premier à lui susciter des ennemis; vous avez osé tremper dans un complot contre sa personne; eh bien! je vous ordonne, de ma propre autorité, (je lui mis de nouveau un pistolet sur la poitrine), de vous rendre à la fosse aux lions, où vous serez chargé de fers jusqu'à nouvel ordre. C'est moi qui vous remplacerai dans vos fonctions. Matelots! dis-je aux autres, j'ai acquis assez d'expérience dans la navigation pour commander vos manœuvres; dans quel danger que nous nous trouvions, je serai toujours sur le pont; nous travaillerons et souffrirons ensemble jusqu'à meilleure fortune. »

Vivat! vivat! s'écria tout l'équipage, et aussitôt chacun se remit à son poste.

Un moment après le capitaine monta sur le pont et fut enchanté de la manière dont je commandais la manœuvre. Il me demanda si le maître était malade; je lui rendis compte alors de tout ce qui s'était passé. Il fut très-satisfait de ma fermeté, et tellement indigné de l'ingratitude du maître d'équipage, qu'il le laissa aux fers pendant toute la campagne.

Le lendemain, à la pointe du jour, on cria: « navire! » Dans la détresse où nous étions sous le rapport des vivres et de l'eau, nous mîmes le cap dessus; mais, en approchant, nous nous aperçûmes que c'était un bâtiment à trois mâts armé en corsaire. Il fut bientôt assez près de nous et, à demi-portée, il nous tira un coup de canon pour nous faire amener et mettre en panne. La grande chaloupe du corsaire fut aussitôt mise à la mer pour venir nous visiter. L'officier, véritable corsaire, qui commandait la chaloupe, fit éclater une joie excessive en montant à bord. Il prit le porte-voix et héla son capitaine. « Le bâtiment est Suédois; bonne prise! capitaine, bonne prise! » Le capitaine répondit qu'on lui amenât de suite le capitaine Suédois avec ses papiers.

Cet ordre fut exécuté sur-le-champ. En examinant les papiers, le capitaine du corsaire vit mon nom figurer sur le rôle d'équipage. « Freytag! qu'est-ce que c'est que ce Freytag, demanda-t-il à notre capitaine? —C'est un officier français de la colonie de Cayenne. — Vîte, vîte, s'écria M. Cinq-à-Six, (c'était le nom du corsaire) vîte, ma chaloupe; suivez-moi, M. Valterstrom, je vais à votre bord, me jeter dans les bras de mon ami. »

M. Valterstrom, tout stupéfait de sa vivacité et de la franchise qu'il mettait dans ses démonstrations d'amitié pour moi, augura cependant bien de cette rencontre. (*)

(*) Le capitaine Cinq-à-Six était logé chez moi, pendant mon séjour à Cayenne; nous étions étroitement liés. Dans une

J'étais appuyé sur le bastingage, en observant tous les mouvemens du corsaire; mon esprit était absorbé dans les plus tristes réflexions sur le sort et la perte qu'allait éprouver mon malheureux ami Valterstrom. Je me berçais de l'espoir d'obtenir quelque chose en sa faveur, de la part de ce corsaire, en ma qualité de Français. « Mais, me disais-je, peut-on espérer d'un corsaire un acte de désintéressement? ils ont l'âme si endurcie par le dangereux métier qu'ils exercent, qu'ils n'ont d'autre sentiment et d'autre pensée que le pillage. » J'étais tout entier à ces idées, lorsque j'aperçus le canot du corsaire. A mesure qu'il s'approchait de nous, je distinguai le capitaine Valterstrom; à côté de lui était assis un homme, que d'abord je ne pus reconnaître, et qui tendait les bras vers notre bâtiment. J'attribuai ces mouvemens de joie à l'avidité du pillage. Alors mes craintes pour Valterstrom redoublèrent: pour moi je n'avais d'autre appréhension que celle d'être séparé à jamais de mon excellent ami. Enfin, lorsque la chaloupe

---

maladie très-grave, qu'il essuya à cette époque, les soins de mes gens, les miens et mes assiduités auprès de lui, ne contribuèrent pas peu à son rétablissement, et l'amitié qu'il me portait déjà s'en augmenta encore.

Note de l'Auteur.

fut assez proche de nous pour que le bruit de la mer me permît de les entendre, quelle fut ma surprise lorsque mon oreille fut frappée des cris : « Freytag ! mon ami ! » prononcés par plusieurs voix. Enfin je pus reconnaître la personne assise à côté de Valterstrom ; je laisse à penser combien mon étonnement fut extrême. La chaloupe étant arrivée, ils ne firent de là qu'un saut sur le pont, et Cinq-à-Six se précipita dans mes bras. Après ces premiers épanchemens, dont la véritable amitié peut seule apprécier la douceur, mon ancien ami me dit : « Permettez que je donne des ordres pour que l'on débarque les restaurans que j'apporte, et que j'envoie ma grande chaloupe pour chercher à mon bord tous les vivres nécessaires pour votre équipage. »

Il revint un instant après nous rejoindre dans la chambre du capitaine Valterstrom. Nous entrâmes alors en explication : je lui fis le récit exact et succinct de tout ce qui m'était arrivé depuis notre séparation. Je lui racontai les services que m'avait rendus le capitaine Valterstrom, et lui peignis l'amitié sincère qu'il m'avait témoignée au moment même où nous fîmes connaissance. « Tout m'impose l'obligation, ajoutai-je, de partager sa bonne ou sa mauvaise fortune. Quoique corsaire, tu as une belle âme ;

je connais ton désintéressement et ton attachement pour moi, et c'est à ces titres que je réclame de toi notre liberté et les secours dont nous avons si grand besoin pour arriver à notre destination. »

« La reconnaissance est sans doute une belle vertu, me répliqua Cinq-à-Six, et le capitaine mérite, à tous égards, un sentiment aussi honorable. J'apprécie également l'amitié que tu lui as vouée, mais tu ne peux oublier que tu es Français et que ta destination doit être pour une de nos colonies, et non pour Saint-Barthélemy. Sur un point aussi délicat, je m'en rapporte à ton honneur et à tes sentimens patriotiques. Tout t'impose la loi de t'embarquer avec moi, jusqu'à ce que j'aille relâcher dans un port d'une de nos colonies, où tu trouveras l'occasion de te rendre de nouveau utile à ta patrie. »

« Jamais, lui répondis-je, je n'ai conçu l'idée déshonorante d'abandonner le service de ma patrie ; mais j'aurais vivement désiré accompagner le capitaine Valterstrom à Saint-Barthélemy, où j'aurais facilement trouvé une occasion pour retourner à Cayenne. »

« Eh bien ! dit Cinq-à-Six, je vais établir ma croisière, pendant quelque tems, sur la côte du Brésil, et j'irai ensuite relâcher à Cayenne. Ne suis-je pas pour toi plus ancien ami que le capitaine, n'ai-je pas droit à la préférence? d'ailleurs vous n'ignorez pas que vous êtes en mon pouvoir et qu'il ne tient qu'à moi de vous emmener de force ; mais vous avez trop de raison l'un et l'autre pour m'obliger à en venir là. Je ferai tous les sacrifices possibles pour faire consentir mon équipage à lâcher cette prise et à approvisionner le bâtiment du capitaine. Voyons maintenant, avez-vous quelques observations à me faire ? » Nous embrassâmes le généreux corsaire et lui jurâmes une éternelle reconnaissance.

Lorsque le bâtiment du capitaine Suédois fut pourvu de ce dont il avait besoin pour continuer sa route, nous prîmes congé de Valterstrom et, après des adieux touchans, nous nous séparâmes.

CHAPITRE IX.

Capture d'un navire Portugais. — Angélina retrouvée. — Générosité d'un Corsaire. — Histoire du capitaine Ferrarès.

Je suivis le capitaine Cinq-à-Six à son bord, et bientôt nous cinglâmes vers la côte du Brésil. Pour ne point rester dans l'inaction, je demandai à être utilisé à bord. Cinq-à-Six me chargea du commandement de la mousquetterie.

Le seizième jour, nous rencontrâmes au sud-ouest du Brésil et dans les eaux où se faisait déjà sentir le courant du fleuve des Amazones, un gros navire à trois mâts. C'était une lettre de marque, moitié armée en guerre et moitié en marchandises. Notre corsaire était muni de trente-six pièces de canon de douze. Aussitôt on donna l'ordre de se préparer au combat, chacun se mit à son poste et nous courûmes dessus.

Le navire que nous allions combattre portait le pavillon Portugais. A environ demi-portée, nous lâchâmes notre bordée, et virâmes de bord pour lui envoyer celle de bas-bord ; mais, dans ce court intervalle, le Portugais, déjà endommagé par notre premier feu, et voyant l'impossibilité de lutter contre des forces supérieures, amena son pavillon et se rendit.

Aussitôt on héla le capitaine Portugais de se rendre à bord du corsaire et d'apporter avec lui ses papiers. Cinq-à-Six vit avec plaisir que le bâtiment était richement chargé, et il prit des mesures promptes pour amariner et amener ce navire à Cayenne, qui se trouvait être le port le plus près de nos colonies. Tout l'équipage du Portugais fut mis à bord du corsaire, et remplacé par une partie du nôtre. Cette opération terminée, on se mit en route.

Pendant que notre bâtiment voguait à la faveur d'un vent favorable, j'appris qu'un Portugais, son épouse et deux femmes de chambre étaient restés à bord du navire capturé ; que le capitaine Cinq-à-Six, à leur sollicitation, leur en avait accordé la permission et avait expressément recommandé que ces personnes fussent respectées. D'abord, je ne prêtai aucune attention à cet incident.

Dans une conversation que j'eus avec le capitaine Portugais, je lui demandai, entr'autres choses, s'il connaissait la famille Rivéréda. « Don

Alvarès Rivéréda! s'écria-t-il, oui certainement, c'était mon meilleur ami ». — C'était aussi le mien; donnez-moi, je vous prie, de ses nouvelles. — Je ne puis vous en donner que de fort tristes. Rivéréda est mort, il y a environ six mois. Angélina reçut ses dernières volontés. Il exigea qu'elle lui promît d'épouser Don Gabriel Géraldo de Lisbonne, qui était venu au Para recueillir une riche succession. Don Géraldo ne pouvant rétablir sa mauvaise santé au Brésil, et désirant retourner à Lisbonne, obtint de la tante d'Angélina, vieille religieuse du couvent de Saint Ildefonse, l'autorisation de l'emmener avec lui au sein de sa famille. Il s'embarqua avec Angélina et deux femmes de chambre sur mon bord et... « Quoi! m'écriai-je, c'est Angélina qui est sur votre bâtiment! » Le capitaine fut d'abord surpris de la véhémence de mon exclamation et il continua ainsi : « Don Géraldo s'est imaginé, qu'en demandant à rester à mon bord, il parviendrait à sauver quelque chose de ses richesses. ».

» Pensez-vous, interrompis-je, qu'Angélina aime celui que son père lui a destiné pour époux? — Bien au contraire, cette malheureuse fille est sans cesse dans les larmes. Don Géraldo est laid et vieux, et il se persuade que les pleurs qu'elle répand, ont pour cause la mort de son père. Mais, jeune homme, vous paraissez prendre à cette femme un intérêt bien vif, l'avez-vous connue ? »

À cette question, je lui racontai mes liaisons avec elle lors de mon court séjour au Para, les promesses mutuelles que nous nous étions faites, etc. « Ah ! je ne suis plus surpris maintenant, dit-il, si elle a de la répugnance à épouser Géraldo. Je n'aime pas les Français... (à ces mots je fis un mouvement, il s'en aperçut et continua:) Oh! ce n'est pas que j'aie des raisons pour cela ; eh bien ! j'aime encore moins ce vilain Géraldo qui ne mérite, sous aucun rapport, de posséder un trésor aussi rare que l'aimable Angélina. Jeune homme, laissez-moi conduire cette affaire. Leur mariage ne peut s'effectuer qu'un an après la mort de Don Rivéréda et, pendant cet intervalle, j'entreprendrai tout pour retirer Angélina des griffes de ce vilain satyre. »

Les promesses de cet homme ne m'inspirèrent aucune confiance. Il avait une de ces physionomies dures, dont l'aspect a quelque chose de repoussant; et le mépris qu'il venait d'affecter pour les Français, avait achevé de me le rendre odieux. D'ailleurs son projet me paraissait extravagant : je connaissais la belle âme d'Angélina, sa soumission aveugle aux volontés de son père ; cependant, comme on est toujours porté à croire ce qu'on désire, je me flattais secrètement qu'en revoyant son ami après une si longue absence, elle me ferait le sacrifice de ses scrupules.

Pendant le trajet, je racontai à mon ami Cinq-à-Six mes amours avec la belle Portugaise qui était à bord de la prise, et les projets que le capitaine Portugais avait imaginés pour me la faire épouser. Cinq-à-Six, ayant écouté avec beaucoup d'attention tous les détails de l'aventure, me tint le discours suivant :

« Je connais vos sentimens, mon ami, ils ont toujours été ceux d'un homme d'honneur : vous avez manifesté votre amour à Angélina, mais alors vous en aviez le droit; depuis, les circonstances ont changé et, maintenant, le seul sentiment que vous puissiez éprouver pour elle, c'est le regret de l'avoir perdue. Vous êtes militaire et je vous connais assez de force d'ame et de caractère pour vous mettre au-dessus d'un sentiment que, vulgairement, on nomme amour et qui n'est qu'une passion effrénée dont les résultats sont presque toujours des malheurs. D'ailleurs, est-ce à votre âge que vous devez penser à contracter un engagement aussi sérieux que celui du mariage ? Abandonnez cela à ceux qui n'ont rien de mieux à faire, et ne renoncez pas sitôt à la défense de la patrie. En second lieu, je ne connais pas de situation plus malheureuse que celle d'un militaire marié. Amènent-ils leurs femmes à l'armée, elles ne leur causent que de l'embarras. Celles-ci ont sans cesse à combattre la crainte des chances périlleuses de la guerre, souvent plus forte que l'honneur qui doit leur faire chérir la gloire de leurs époux. Laisse-t-on sa femme loin du théâtre des événemens, l'isolement, les séductions de toute espèce, des absences dont le terme ne saurait être prévu, viennent conspirer contre la sécurité de l'époux. Vous souriez.... cela n'est pourtant que trop vrai; j'en ai fait, hélas ! une cruelle expérience. »

« D'un autre côté, que vous a donc fait ce Géraldo, que vous n'avez jamais vu, qui a des droits légitimes et incontestables sur Angélina, que vous a-t-il fait, dis-je, pour lui enlever une femme qu'il croit nécessaire à son bonheur? »

« Et cette Angélina qui, dites-vous, a reçu une si brillante éducation, dont les principes sont sévères et la vertu à toute épreuve ; cette Angélina si accomplie, croyez-vous parvenir à lui faire oublier son devoir, et les dernières volontés de son père? Si vous ne m'avez point exagéré les vertus que vous lui prêtez, tout me porte à croire que ce brouillon de capitaine

Portugais échouera complètement dans son entreprise, et qu'il ne lui en reviendra que la honte de l'avoir tentée. »

» Cette manière de voir et de penser n'est pas toujours celle d'un corsaire, mais c'est la mienne ; j'ai le caractère d'homme, j'ai de l'expérience et, comme votre ami, vous ne trouverez pas mauvais que je cherche à vous détourner d'une action qui, par la suite, serait pour vous une source de regrets et de larmes. »

» Quant au désir que vous m'avez manifesté d'aller à bord du vaisseau Portugais aussitôt que nous serions à l'ancre, je ne puis le satisfaire ; je vous déclare même que, tant que vous serez à mon bord, vous ne verrez point Angélina ; après le débarquement, vous ferez ce que vous voudrez, je ne dois plus m'en occuper. Pesez bien tout ce que je viens de vous dire ; et si, par la suite, vous avez besoin de mes conseils, vous me trouverez toujours disposé à contribuer à votre bonheur. »

Il n'y avait rien de raisonnable à répondre à tout cela ; d'ailleurs, il parlait en homme qui veut être obéi. Je me promis de mettre à profit ses sages remontrances ; et, imposant un moment silence à mon amour, j'envisageai tous les inconvéniens d'entretenir davantage dans mon cœur une passion qu'Angélina ne saurait plus approuver. Angélina était catholique, j'étais protestant, et cette différence de religion était, dans son pays, un obstacle insurmontable à notre union. Après m'être fait toutes les observations possibles, je résolus, je ne dirai pas de l'oublier, mais de ne rien tenter qui pût offenser Angélina, ou porter atteinte à son honneur.

Pendant que je me fortifiais dans cette résolution, le capitaine Portugais (Don Ferrarès) s'approcha de moi et me dit : « Vous m'avez fait la confidence de vos amours avec la belle Angélina ; de mon côté, je vous ai promis de la mettre à votre disposition, et il n'y a rien que je n'entreprenne pour contrarier les vues de Géraldo, et faire plus s'il le faut.... j'ai pour lui l'aversion la plus insurmontable, et vous allez juger vous-même si elle est fondée. »

« Je vous ai dit, je crois, que, depuis long-tems, j'étais l'ami de Don Rivéréda. J'avais fait pour lui plusieurs voyages et, à mon dernier, je me résolus à lui faire l'aveu de l'amour que sa fille m'avait inspiré, je lui demandai sa main. Lorsque je fis cette démarche, je n'avais point encore dévoilé à Angélina les secrets de mon cœur. Ce qui m'avait enhardi à faire cette demande à mon ami, c'était la riche succession que je croyais déjà tenir, et dont jouit aujourd'hui cet infâme Géraldo. »

« Rivéréda me donna bien quelques espérances, mais, cependant, ne prit aucune espèce d'engagement. Le même soir, je communiquai mes projets de mariage à Angélina. Elle me répondit, avec beaucoup de sécheresse, qu'elle n'avait nulle envie de se marier, et qu'elle préférait s'enfermer, pour le reste de ses jours, dans le couvent de Saint-Ildefonse avec sa tante. La manière dont elle fit cette réponse, me prouva que j'étais loin de lui plaire, et je ne doutai plus qu'elle n'eût dans le cœur quelque passion secrète. »

« A cette époque, j'étais bien éloigné de penser que vous fussiez la cause du refus d'Angélina et, maintenant, je ne saurais lui en vouloir. Je pris mon parti en brave, et attendis avec impatience que la succession m'arrivât, afin de choisir une femme qui voulût bien m'aimer ; car c'est toujours fort triste quand il faut épouser une femme malgré elle, d'autant plus qu'il en résulte toujours quelque malheur. Je me consolai facilement de la perte d'Angélina, mais il n'en fut pas de même de celle de la succession que je croyais tenir. »

« Il faut que vous sachiez que Don Géraldo

et moi sommes les neveux de Don Ribeira. Mon oncle avait autant d'amitié pour Géraldo qu'il avait de haine pour moi. On lui avait persuadé que j'étais un athée, un mauvais sujet. Malgré cela, je m'étais flatté que la succession serait partagée entre nous deux. Géraldo habitait Lisbonne, où il était toujours malade et, depuis six mois, il n'avait donné aucune de ses nouvelles; on le croyait mort, et j'avais lieu d'espérer la succession entière. Mon cousin et moi ne nous étions pas encore vus, et les rapports qu'on lui avait faits sur mon compte, n'étaient guères plus favorables que ceux qu'on avait faits à mon oncle; mais cela m'importait fort peu, et je n'avais d'autre désir que celui d'acquérir la certitude de sa mort. »

» Je vous laisse à penser quel fut mon désespoir, lorsqu'on vint m'apprendre que Géraldo était débarqué au Para. »

« En ma qualité de son parent, je m'attendais à recevoir sa visite; dix jours se passèrent, et Don Géraldo n'avait point encore paru. J'appris, par des étrangers, que mon oncle avait laissé toute sa fortune à Don Géraldo. Cette nouvelle me rendit furieux, et me mit tout hors de moi. J'avais annoncé partout que j'étais l'unique héritier de Don Ribeira, mon oncle, et l'arrivée soudaine de mon cousin, en démentant ce faux bruit, me couvrait de honte en me faisant passer pour un hableur. »

« Je me proposai alors d'aller trouver mon cousin, de lui parler d'abord avec douceur, afin de le faire consentir, si la chose était possible, à un partage à l'amiable; d'ailleurs, me disais-je, c'est un homme excessivement poltron; et si je ne réussis point par les voies de la douceur, les menaces produiront sans doute un meilleur effet. »

« Ce parti une fois pris, je me rendis chez lui : on m'annonça. On me fit faire anti-chambre pendant une demi-heure; je ne tenais plus en place, le sang me bouillonnait dans les veines; enfin un laquais vint m'introduire. Je trouvai mon cher cousin, tristement étendu sur une chaise longue, et dans un état de souffrance qui lui ôtait presque l'usage de la parole. »

« Il paraît, mon cousin, lui dis-je, que vous tenez plus à l'observation de l'étiquette qu'à celle des usages. Vous êtes arrivé au Para depuis huit ou dix jours, et je n'ai point encore eu l'honneur de recevoir votre visite; mais, en revanche, lorsque je suis venu pour me procurer le plaisir de vous voir, vous avez eu la bonté de me faire attendre une bonne demi-heure à votre porte. »

« Mon cousin, me répliqua Géraldo, d'une

voix éteinte, pour une première entrevue, vous mettez beaucoup d'ironie dans votre discours ; cependant, vous pouvez voir que l'état de ma santé ne me permet point de faire un pas hors de ma maison ; je n'ai point voulu faire de vous une exception puisque je n'ai visité personne. Tous ceux qui m'honorent de quelque intérêt, sont venus me faire leur visite, vous seul avez tardé jusqu'à aujourd'hui. Quant au tems que vous avez passé à ma porte, on ne l'a point fait dans une mauvaise intention ; j'étais couché lorsqu'on vous a annoncé, et j'ai voulu être levé pour vous recevoir. Au reste, soyez le bienvenu, et prenez un siège. »

« Lorsqu'il m'eut parlé de son voyage, de sa mauvaise santé, et de mille autres choses tout aussi indifférentes pour moi : « Mais, mon cousin, lui dis-je, ne pensez-vous pas qu'il serait juste que je participasse à la fortune que nous a laissé notre oncle ? »

« Je suis certainement fort aise de vous voir, reprit Géraldo, mais je remarque, avec la plus grande peine, qu'à notre première entrevue vous ne vous occupiez que d'intérêt ; je vois même que c'est le seul motif qui vous amène ici. En conséquence, je dois vous dire, ce que pourtant vous ne pouvez ignorer, que mon oncle, par son testament, m'a constitué l'unique héritier de tout son bien. Si vous conservez quelques doutes sur l'authenticité du testament, il est très-facile de les éclaircir, je vous fournirai, à ce sujet, toutes les preuves et tous les documens nécessaires. »

« Je feignis d'entrer dans son sens, et ma visite fut terminée par une conversation fort courte et fort insignifiante. »

« Je me transportai aussitôt chez mon avocat; je lui détaillai mon affaire. Il me donna quelques faibles lueurs d'espérance ; mais, lorsque j'eus déployé un rouleau de cinquante quadruples, il m'assura gain de cause; il ajouta que cette affaire ne pourrait être jugée, en ma faveur, qu'à Lisbonne. Le coquin était bien persuadé du contraire ; mais ces messieurs, qui connaissent tous les ressorts de la chicane, par l'habitude qu'ils ont de les mettre en jeu, égarent le malheureux client dans un dédale de mots barbares et inintelligibles ; et celui-ci, tout stupéfait du savoir étonnant de son avocat, se retire plein de confiance, et dans la persuasion de gagner une cause dont l'injustice est pourtant avérée. Pendant ce tems-là, il fait journellement des sacrifices ; et ce n'est que lorsque son coffre est vide, qu'il s'aperçoit de la mauvaise foi de l'avide praticien, auquel il avait d'abord cru pouvoir confier sa fortune. »

« Le lendemain de ma contestation, mon avocat et moi, nous nous rendîmes chez Géraldo. Celui-ci, justement convaincu de la bonté de sa cause, nous accabla des procédés les plus honnêtes : il m'offrit de l'accompagner à Lisbonne. « C'est moi-même, mon cher cousin, lui dis-je, qui veux vous y accompagner sur mon bâtiment. » Géraldo y consentit ; mais il m'objecta qu'une affaire fort importante, à laquelle était attaché le bonheur de sa vie, le retiendrait encore un mois au Para. Il me fit part alors de son projet de mariage avec la fille de Don Rivéréda. A cet aveu, j'eus toute la peine du monde à concentrer ma rage et ma fureur ; cependant, je composai mon visage de mon mieux, pour le féliciter de son choix ; après quoi, je m'éloignai. »

« Pendant la maladie de Don Rivéréda, je n'allais pas le voir fort souvent ; mais je me trouvai chez lui à ses derniers momens, où il exigea de sa fille la promesse de n'avoir d'autre époux que Géraldo. Angélina en fit le serment en répandant des larmes amères. Elle avait à déplorer le double malheur de perdre son père, et de se voir contrainte d'unir son sort à celui d'un homme pour lequel elle avait de l'éloignement, et qu'elle sentait ne pouvoir jamais aimer. »

« Selon le dire des médecins, Géraldo était attaqué de la maladie du pays ; ils lui conseillèrent de se mettre en mer le plus tôt possible. Nous avions quitté le Para depuis environ douze jours lorsque vous nous avez rencontrés. Depuis notre départ, ma haine pour Géraldo s'envenimait de plus en plus, surtout lorsque je voyais Angélina souffrir pour un être si peu digne d'elle. Je vous avouerai même que, plus d'une fois, j'ai cherché à attirer Géraldo sur le pont, pendant la nuit, en lui insinuant que l'air lui serait salutaire, dans l'intention de le précipiter dans les flots, de m'emparer de ses richesses, d'Angélina, et d'aller passer mes jours dans tout autre pays que Lisbonne. Mais je n'ai jamais pu y parvenir ; je lui avais inspiré une extrême méfiance, et jamais il ne voulut sortir de sa cabane. Il portait à l'excès sa jalousie pour Angélina, à laquelle il n'était pas permis de monter sur le pont pour respirer l'air. »

« Je vous le répète, ma haine est à son comble, et je ne serai satisfait, que lorsque je l'aurai précipité dans la tombe ; il ne saurait échapper à ma vengeance, il mourra de ma main, et vous posséderez Angélina : j'en prends devant vous l'engagement. » En disant ces mots, la rage, la fureur se peignaient sur la figure atroce de ce monstre, et je lus dans ses yeux la plus grande scélératesse. Il dut s'apercevoir de l'horreur qu'il m'inspirait; quoi qu'il en fût, je me promis bien de prévenir le crime qu'il méditait. J'aurais bien tenté de ramener Ferrarès à des sentimens plus justes, mais pouvais-je espérer de jamais gagner quelque chose sur une âme aussi noire ? Toutes les fois qu'il m'abordait et me parlait de son projet, je lui faisais des réponses évasives, de manière à ne lui inspirer aucun soupçon sur mes intentions à cet égard. Je fis part à Cinq-à-Six de la conversation que nous venions d'avoir avec Ferrarès. « Vous me faites frémir, me répondit-il, ce Ferrarès est un misérable que je devrais mettre aux fers; mais il est nécessaire que vous souteniez votre rôle avec lui, pour bien connaître toutes les circonstances du crime qu'il veut commettre, et en prévenir la consommation. »

CHAPITRE X.

Arrestation du capitaine Ferrarès. — Débarquement à Cayenne. — Négociation avec le Gouverneur. — Mort de Ferrarès. — Jalousie de Géraldo.

L'AVANT-VEILLE de notre arrivée, Ferrarès m'accosta sur le pont, et me dit : « Nous approchons enfin de l'instant qui doit couronner vos vœux et satisfaire ma haine. Jetez les yeux sur ce fer, ajouta-t-il, en tirant un long poignard de dessous son manteau; eh bien! je crois le voir plongé tout entier dans le cœur de Géraldo ; il me semble que ce malheureux me tend des mains suppliantes pour lui épargner la vie : vaines larmes, inutiles prières, le cœur de Ferrarès est désormais fermé à la pitié, l'heure de la vengeance a sonné ! » Je ne fus pas maître de mon indignation, et il m'échappa de lui dire : « Mais vous ne voyez donc pas que vous courez à votre perte ? » — Allez-vous me reprocher un sacrifice que je fais autant pour vous que pour moi ? j'ai juré de vous défaire de votre odieux rival, je tiendrai mon serment ; et si vous mettez le moindre obstacle à mes desseins, alors je vous croirai indigne de posséder Angélina, et je laverai votre infâme trahison dans votre propre sang. » A ces mots il se retira, en grinçant des dents comme un forcené.

Il n'y avait plus de tems à perdre ; nous approchions de terre, et je rendis compte au capitaine Cinq-à-Six de tout ce que m'avait dit Ferrarès. Quoiqu'occupé de la manœuvre, il m'écouta avec attention, donna des ordres pour qu'on se saisît de Ferrarès et qu'on le mît aux fers. Ce misérable se débattait comme un furieux ; six hommes pouvaient à peine se rendre maîtres de sa personne. Il tira son poignard, en menaça le capitaine et moi et, avant qu'on fût parvenu à le lui arracher, il avait déjà blessé deux matelots. Deux heures après cette opéraration, on cria : terre ! et, le soir même, nous mouillâmes à l'Enfant-Perdu, dont le lecteur doit se souvenir : notre prise mouilla tout auprès de nous. Le lendemain, au point du jour, le capitaine Cinq-à-Six m'envoya à terre, pour rendre compte au gouverneur de notre prise. Je fus étrangement surpris des changemens sans nombre qui s'étaient opérés pendant mon absence de la colonie. Jeannet, qui la gouvernait à mon départ, avait été remplacé dans ses fonctions par Burnel, agent du gouvernement de France. Celui-ci donna l'ordre d'envoyer une quantité de petites embarcations pour alléger la prise et l'entrer dans le port.

J'entreprendrais en vain de décrire l'accueil gracieux et flatteur que je reçus de mes camarades et des habitans de la colonie. Tous m'avaient cru perdu, et maintenant c'était à qui apprendrait le premier les aventures que j'avais dû nécessairement avoir pendant une aussi longue absence. Je ne pouvais les satisfaire tous à la fois, surtout dans un moment où j'avais la tête occupée d'Angélina et des moyens de la sauver. Je craignais d'échouer auprès du gouverneur que je ne connaissais pas; mais, enhardi par la manière amicale avec laquelle il m'avait reçu, je me hasardai à lui rendre une visite.

M. Burnel me reçut avec la même aménité. « Je suis fort aise de votre retour, me dit-il; je sais, par mon prédécesseur, que vous avez rendu des services signalés à la colonie, que vous avez toujours amené à une fin heureuse toutes les missions dont il vous avait chargé, et que vous possédiez toute sa confiance. Je vous accorde la mienne, et j'espère que vous aurez avec moi le même zèle et la même activité. »

Je l'assurai que je ferais toujours mon devoir avec la même exactitude, et profitai de ses bonnes dispositions pour l'intéresser au sort d'Angélina Rivéréda, dont le père nous avait si bien reçus au Para, et auquel toute la colonie était redevable d'un service signalé. Je lui fis part de mes relations avec cette aimable personne, et des événemens qui s'étaient passés depuis notre départ du Para, et je demandai, comme une grâce, au gouverneur qu'il ne fût rien soustrait des effets de Géraldo et d'Angélina, et qu'on eût pour eux tous les égards dûs à leur situation.

« Vous ne faites donc pas attention, répondit le gouverneur, que ces gens-là sont des ennemis de la république, qu'ils sont prisonniers de guerre et doivent être traités comme tels. Quant aux effets dont vous me parlez, je ne puis rien promettre. Le produit de la vente de cette prise appartient en partie au Gouvernement, et vous n'ignorez pas que le reste est dû à l'équipage du corsaire. Vous-même, comme officier commandant la mousquetterie, vous avez droit à cinq parts dans la répartition. J'ai ordonné qu'on enfermât le capitaine Ferrarès dans une prison du fort ; le reste de son équipage sera réparti dans d'autres prisons, et les passagers, c'est-à-dire, ce M. Géraldo et les femmes, seront mis à l'hospice, et soignés par les sœurs Grises : je veux bien, par égard et par considération pour vous, les recommander spécialement à la sœur Catherine, la supérieure (*). » (11)

« Laissez-leur au moins leurs malles, lui dis-je, j'abandonnerai volontiers mes cinq parts de prise. » En ce moment entra le capitaine Cinq-à-Six; je courus au-devant de lui et le suppliai de s'intéresser à Angélina; il me le promit en souriant.

Le capitaine avait un air fier et imposant; il était d'une extrême sévérité, mais il possédait une belle âme et un cœur aussi juste que bon.

La première chose qu'il demanda au gouverneur ce fut que les prisonniers fussent traités avec humanité, qu'on respectât la position malheureuse des passagers, et qu'on eût pour eux des égards.

Le gouverneur lui répondit que tout était prévu, et il lui répéta ce qu'il m'avait déjà dit.

(*) Il est à remarquer que, malgré les principes de la révolution que l'on avait propagés dans cette colonie, les sœurs Grises ont toujours été maintenues dans l'administration de l'hôpital de Cayenne. Elles ont dû cette faveur extraordinaire à leur zèle, à leur activité et à leurs vertus.

Note de l'Auteur.

« Eh quoi ! s'écria l'estimable corsaire, dans un pays brûlant comme celui-ci, vous auriez la cruauté d'ensevelir ces malheureux dans des cachots pour les y faire périr de misère, d'inanition ou de désespoir ! Vous voulez reléguer mes passagers dans un hospice ! Je ne souffrirai point des procédés si peu humains. Je prends sur moi de louer pour ces derniers une maison propre et commode. Quant aux prisonniers, quelles craintes peuvent-ils vous inspirer? Ont-ils la possibilité de s'évader ? non, sans doute ; j'exige donc que vous leur laissiez pour prison la ville et la Savanne : j'en excepte seulement le capitaine Ferrarès, pour des raisons que vous connaîtrez plus tard. Si vous ne faites droit à ma demande, je cours à l'instant même donner contr'ordre pour le débarquement de la prise, et je pars pour un autre pays où je trouverai plus d'humanité que dans celui-ci ; et vous vous convaincrez alors que la profession de corsaire n'endurcit point nos âmes quand elles ont été fortement trempées par la nature et par l'éducation.

Le gouverneur, qu'un pareil discours avait jeté dans l'étonnement, lui répondit qu'il allait réfléchir là-dessus, et il l'invita à se retirer. »

Cinq-à-Six et moi sortîmes ensemble de chez le gouverneur, et il prit congé de moi en me disant qu'il allait se rendre de suite à son bord pour donner ordre de suspendre le débarquement de la prise; « et si demain au soir, ajouta-t-il, je n'ai point reçu une réponse satisfaisante, je pars aussitôt pendant la nuit. »

Le même soir, le hasard me fit rencontrer M. Malvain, capitaine de vaisseau, un des habitans les plus considérés de la colonie. Je lui racontai tout ce qui venait de se passer entre le gouverneur, Cinq-à-Six et moi. Lorsqu'il apprit que Cinq-à-Six, qui était aussi son ancien ami, allait repartir avec sa prise, il me quitta pour aller de suite chez le gouverneur.

En y arrivant, M. Malvain trouva le gouverneur entouré de plusieurs habitans des plus notables de la colonie. « Vous arrivez fort à propos, lui dit le gouverneur, j'allais vous faire appeler, capitaine. » Aussitôt il communiqua à tous ces messieurs l'entretien qu'il avait eu avec le capitaine Cinq-à-Six, et leur demanda des renseignemens sur son compte.

Il apprit de ces Messieurs que le capitaine corsaire était un homme probe, vertueux et désintéressé; qu'il avait souvent approvisionné la colonie par les prises riches et nombreuses qu'il faisait journellement. Enfin chacun en dit tout le bien qu'il méritait.

Le gouverneur les remercia beaucoup, pria le capitaine Malvain de se rendre lui-même à bord du corsaire, de remettre au capitaine une lettre de sa part et de l'assurer de son estime.

On donna aussitôt l'ordre de faire sortir les gens de l'équipage de prison, et de les loger provisoirement chez les particuliers. Ensuite un appartement agréable et commode fut préparé dans le bâtiment de l'ancien gouvernement pour y recevoir Angélina, ses femmes et Don Géraldo. Dès que j'eus connaissance de ces nouvelles dispositions du gouverneur, je courus le voir pour lui en témoigner ma gratitude et lui parler de leurs effets. « Tranquillisez-vous, me dit-il, le capitaine Cinq-à-Six et moi arrangerons cela, je vous attends tous les deux à dîner ce soir. »

Je me rendis alors sur le port où j'attendis avec impatience l'arrivée de mon ami et de M. Malvain : quand ils furent arrivés, je leur communiquai l'invitation du gouverneur et nous nous rendîmes chez lui.

Pendant le dîner, Burnel fut fort aimable et fort gai; il nous accorda toutes nos demandes, et chacun fut content, à l'exception cependant de Ferrarès qui, en apprenant la mise en liberté de l'équipage, et notamment de Géraldo, ne put contenir sa fureur. Il fit un tel vacarme dans sa prison, cassant et brisant tout ce qui se trouvait sous sa main, qu'on fut obligé de le garotter. Un jour, en allant lui porter sa nourriture habituelle, on le trouva étranglé avec les cordes de son hamac. Ainsi finit cet être dénaturé, que la soif de l'or eût conduit de crime en crime, si le désespoir n'en avait délivré son pays.

Géraldo, qui avait une grande faiblesse de caractère, et à qui le nom seul de Ferrarès inspirait des frayeurs mortelles, apprit sa fin tragique avec une extrême satisfaction.

Outre ses souffrances physiques, il était encore en proie à des affections morales. La jalousie le tenait presque toujours éveillé lorsqu'il était à bord, et Angélina avait la défense expresse de le quitter un seul instant. Cependant elle profita un jour du sommeil de son Argus pour demander à l'officier de la prise, dont je tiens ces détails, s'il avait déjà été à Cayenne, et s'il y avait connu le capitaine Freyda (c'était ainsi qu'elle m'avait toujours nommé). Celui-ci lui répondit qu'il y avait à bord du corsaire un officier dont le nom avait à peu près la même consonnance, mais qu'il s'écrivait Freytag. « Ah! s'écria-t-elle, c'est bien lui; mais par quelle bizarre aventure se trouve-t-il donc au nombre des ennemis qui nous ont faits prisonniers? »

Cet officier qui, avant la prise du navire Portugais, avait assisté au récit de mes aventures, lui rendit un compte fidèle de tout ce qu'il avait appris de ma propre bouche. « Ah! c'est lui, c'est bien lui, répéta-t-elle encore, » et elle se retira en versant un torrent de larmes. Depuis cet instant, elle évita avec le plus grand soin de se trouver avec cet officier.

CHAPITRE XI.

Marie-Rose. — Dîner chez le Gouverneur. — Anxiétés. — Grande réunion — Reconnaissance — Evanouissement d'Angélina.

Nous étions à Cayenne depuis quinze jours, et j'avais cherché vainement l'occasion de voir Angélina. Je ne songeais plus aux promesses que j'avais faites à l'estimable Cinq-à-Six, et j'oubliais aussi facilement l'engagement que j'avais contracté avec moi-même.

Marie-Rose, grosse et vieille mulâtresse [12], mais riche et généralement estimée dans le pays à cause de sa bienfaisance et des services désintéressés qu'elle rendait à chacun ; Marie-Rose, dis-je, avait seule le droit d'être admise chez Géraldo et ces dames. Je connaissais beaucoup cette bonne Marie-Rose, je lui avais même des obligations. Je me rendis chez elle sous le prétexte spécieux de lui faire une visite. Elle fut la première à amener la conversation sur les prisonniers Portugais. « Le jour de leur arrivée, me dit-elle, j'ai été offrir des ananas et autres rafraîchissemens à ces dames et à Don Géraldo : ils me pressèrent vivement d'aller les voir souvent, aussi m'arrive-t-il d'y aller deux fois dans le même jour. Mais, ajouta-t-elle, savez-vous que vous êtes un mortel bien heureux, et que vous inspirez le plus vif intérêt à une jeune personne aussi sage que belle, aussi bonne que spirituelle. Elle me demande tous les jours de vos nouvelles avec beaucoup de mystère. Je vous en veux beaucoup de n'être pas venu plus tôt me voir, pour me mettre à même de la rassurer sur la nature de vos sentimens à son égard. »

» Hélas! lui répondis-je, ces sentimens ne lui sont que trop connus; mais il s'est élevé entre nous une barrière insurmontable. » Et je lui racontai aussitôt tous les événemens qui avaient suivi la naissance de notre amour.

Marie-Rose fondait en larmes, et je mis à profit cette explosion de sensibilité, pour me procurer le plaisir de revoir mon amie. Je lui peignis l'extrême désir que j'avais de la voir, de lui parler pour la dernière fois; je la conjurai de me servir de tout son pouvoir, en lui jurant une discrétion à toute épreuve.

Marie-Rose, attendrie, me dit : « Il n'y a

rien que je ne fasse pour vous ménager un entretien, mais cela souffrira beaucoup de difficultés; Géraldo est très-malade de la goutte, et il exige qu'Angélina soit sans cesse auprès de lui; le défaut d'exercice a même influé sur la santé de cette aimable fille, et cette circonstance aura peut-être un côté favorable. Le médecin lui a ordonné la promenade du soir pendant une heure; je vais appuyer cette ordonnance, et faire entendre à Géraldo qu'elle sortira avec moi et l'une de ces dames, tandis que l'autre demeurera pour le soigner; je ne manquerai pas d'argumens pour le persuader de consentir à la promenade. Venez me voir, demain soir, car je suis presque sûre de vous apprendre quelque chose d'agréable. » Je pris congé de Marie-Rose, en lui renouvelant mes supplications : je crois même que, dans l'excès de ma joie, je l'embrassai.

Le lendemain au soir, je me rendis chez elle : elle n'était point encore rentrée. Je me promenais à grands pas dans son jardin, et je m'enivrais d'avance du plaisir de revoir ma chère Angélina; j'étais plongé dans une douce rêverie, lorsque les pas de Marie-Rose vinrent me distraire de mes réflexions. « Géraldo, me dit-elle, va beaucoup mieux. — Au diable Géraldo!

parlez-moi donc d'Angélina ; est-elle ici? la verrai-je? viendra-t-elle? sa santé est-elle rétablie? — Ah! mon Dieu! quel déluge de questions; mais, êtes-vous devenu fou? ne fallait-il pas commencer par quelque chose? Sachez donc qu'Angélina est toujours languissante, pâle ; ses yeux sont devenus tout rouges, tant elle a répandu de larmes! J'étais auprès de Géraldo, je l'avais amené sur le chapitre de l'indispensable promenade, lorsque M. Desvieux, commandant de la place, entra et annonça à Géraldo, de la part du Gouverneur, qu'il était invité à dîner, avec son aimable compagne, pour le lendemain. Géraldo s'excusa d'abord ; mais, se sentant beaucoup mieux, et réfléchissant que ce serait manquer aux égards dus au gouverneur auquel il avait dejà de si grandes obligations, il accepta. Angélina rougit, persuadée que vous seriez aussi de ce dîner. — Elle se trompe, lui dis je, car je suis sorti fort tard de chez moi, et je n'avais encore reçu aucune invitation. Je crains que ce ne soit Cinq-à-Six qui m'ait joué ce tour-là, afin que je ne me trouve point en présence d'Angélina ; je vais, de ce pas, le remercier de sa prévoyance. »

» Je ne crois nullement la démarche nécessaire, me dit Marie-Rose, c'est un grand repas que le gouverneur donne aux officiers de la prise et du corsaire ; il y aura, en outre, beaucoup de dames et d'habitans distingués de cette colonie et, certes, vous ne serez point oublié. Croyez-moi, n'allez point voir le capitaine ; il a, en ce moment, trop d'occupations pour songer à vos amours ; si, au contraire, vous allez éveiller son attention, il fera peut-être ce que vous redoutez, dans l'intention de vous éviter quelque scène désagréable. Vous lui avez promis d'être raisonnable, et de ne faire aucune démarche pour revoir cette jeune personne ; il vous connaît, il compte sur votre parole, et vous croit incapable d'y manquer. Croyez avec moi, mon cher Freytag, qu'il se trompe étrangement, le cher homme ! il ignore, sans doute, que de pareilles promesses ne se tiennent jamais, surtout quand l'objet aimé est assez près pour exercer son influence sur nos décisions. »

» Vous vous trompez, ma bonne Marie-Rose; j'ai promis, il est vrai, de ne point détourner Angélina de ses devoirs, et cette promesse, je la tiendrai religieusement ; mais cela ne me dégage pas du serment que j'ai fait antérieurement à Angélina, de l'aimer toute ma vie ; si je désire la voir encore, c'est pour lui répéter ce serment et lui dire un éternel adieu. Soyez vous-même l'arbitre de ma conduite! pensez-vous que je compromette le repos d'Angélina par une démarche dont le but n'a rien que de louable? Elle n'est point encore sous l'autorité d'un mari, et elle peut, sans que sa conscience le lui reproche, m'accorder une dernière entrevue. Croyez bien, Marie-Rose, que si l'hymen la tenait sous ses lois, ce désir, que je vous manifeste avec tant de chaleur, ne serait même pas né dans mon cœur. L'amour que j'ai conçu pour Angélina est trop vrai et trop épuré, pour que j'aie jamais eu la seule pensée de l'entraîner dans une démarche répréhensible. — Eh bien! me répliqua-t-elle, puisque vous avez tant de raison et d'amour, je ferai tout pour vous procurer à tous deux cette dernière satisfaction. »

En quittant cette bonne mulâtresse, je me rendis chez moi en toute hâte; et la première question que je fis à mon nègre fut pour savoir si on n'avait point apporté de lettre à mon adresse. Sa réponse négative me piqua au vif. Ce manque d'attention du gouverneur me paraissait inexplicable. Je me rendis aussitôt chez un de mes amis, le capitaine Cousandier, pour lui témoigner mon étonnement. Il m'assura que j'étais porté sur la liste d'invitation, et qu'il avait appris du secrétaire-général, que les lettres n'avaient pas toutes été remises dans la journée, et que, dans la matinée du lendemain, je recevrais probablement la mienne.

Le lendemain, je me gardai bien de sortir; j'attendais, avec impatience, mon invitation. Je n'avais encore rien reçu, et deux heures étaient déjà sonnées! Je commençais à désespérer, lorsque le capitaine Cinq-à-Six entra dans ma chambre. « Mon cher Freytag, me dit-il, je viens de la part du gouverneur vous inviter à son dîner. J'ai eu, avec lui, une longue contestation dont vous êtes le sujet. Comme il est au fait de vos aventures avec Angélina, il ne voulait pas que vous vous trouvassiez avec elle et votre rival, dans la crainte de quelque extravagance de votre part, et il serait au désespoir si sa fête était troublée. Vous vous imaginez bien, mon cher, que j'ai pris votre défense; j'ai persuadé au gouverneur que vous étiez assez maître de vous pour éviter toute imprudence; que, d'ailleurs, j'avais votre parole de ne rien entreprendre désormais qui pût troubler la tranquillité d'Angélina. »

» Ce n'est donc qu'après les plus pressantes sollicitations, qu'il m'a chargé de vous porter son invitation; mais, actuellement, quoique je croie pouvoir compter sur votre raison, je vous impose, néanmoins, l'obligation d'entrer avec moi au salon, de ne pas me quitter un seul instant, et de vous asseoir à table à mes côtés. »

Je fis un effort sur moi-même pour dissimuler l'excès de ma joie. Je lui promis, en affectant le plus grand calme, de me somettre à tout ce qu'il exigeait de moi, et il fut convenu qu'il viendrait me prendre à l'heure indiquée pour le dîner.

Dans cet intervalle, je ne m'occupai que d'Angélina et de ma toilette, que je soignai plus que de coutume. Je craignais qu'elle ne me reconnût pas avec mon uniforme : elle ne m'avait vu au Para qu'en habit bourgeois. Je réfléchissais à la sévérité de Cinq-à-Six; « mais, me disais-je, comment évitera-t-il Angélina, puisqu'il ne la connaît pas? d'ailleurs, il y aura beaucoup d'autres dames qu'il sera obligé de saluer, à moins qu'il ne traite la politesse en corsaire; mais, non, le capitaine, hors de son bâtiment, ne voit que la bonne compagnie; il a de l'esprit, de l'amabilité, beaucoup d'usage; et, comme c'est en partie pour lui que le Gouverneur donne cette fête, il sera forcé d'être galant malgré lui, quand même il ne voudrait pas l'être. » Pendant que je me livrais à toutes ces réflexions, ma toilette était achevée. J'avais passé l'habit de nankin blanc aux revers de taffetas rose, avec collet et paremens de même couleur, le pantalon blanc dessinant les formes, et les bas de soie (c'était l'uniforme de la Colonie). Ma toilette achevée, je brûlais d'impatience de voir arriver l'heure du rendez-vous; quatre heures et demie étaient déjà sonnées, et on devait se mettre à table à cinq. C'était, selon moi, un manque de bienséance de la part de mon ami le corsaire ; car il est peu décent de se présenter chez les gens au moment même de se mettre à table.

Enfin, à cinq heures moins un quart, on m'annonça le capitaine Cinq-à-Six, que j'avais déjà vu arriver par ma fenêtre.

« Eh quoi! vous voilà déjà prêt? me dit-il en souriant. — Sans doute, il y a même long-tems que je vous attends. — Il paraît que vous êtes bien pressé d'arriver? » Je ne répondis rien à ces derniers mots, pour ne pas prolonger une conversation qui m'embarrassait.

A notre arrivée chez le gouverneur, les convives étaient déjà réunis dans le salon. En entrant, chacun nous arrêtait et s'empressait de nous adresser la parole. Cinq-à-Six répondait à tous ces questionneurs importuns, et moi je m'impatientais de le voir s'arrêter et causer avec le premier venu. « Mais, mon ami, lui dis-je, ne voyez-vous pas que tout le monde va saluer la maîtresse de la maison? — Où est-elle donc? — Ne la voyez-vous pas, devant cette glace, assise avec ces dames sur un canapé? — Au diable soient les femmes! comment percer la foule pour arriver jusqu'à elles? »

Je voyais depuis long-tems Angélina, assise à côté de Mme la gouvernante et causant avec elle ; nous étions même assez près pour en être observés. Angélina tournait ses regards vers nous sans me reconnaître, et je maudissais mon uniforme auquel j'attribuais la cause de cette inadvertance. Toutes les personnes qui entouraient les dames s'étant enfin retirées, nous nous approchâmes. Angélina m'envisage, me reconnaît, se lève avec précipitation, me regarde fixément, jette un cri et retombe sans connaissance sur le canapé. Qu'on se fasse une idée de l'effet que produisit cette scène sur une assemblée aussi nombreuse. Aussitôt les conversations particulières cessent, l'étonnement et la curiosité sont peints sur toutes les figures. Les hommes, qu'une jeune et jolie personne intéresse toujours vivement, plaignent son indisposition et voudraient, chacun dans son âme, en être la véritable cause.

Les femmes, au contraire, cherchent à démêler le motif de son évanouissement, pour avoir la liberté d'en jaser, et à lire dans les yeux les unes des autres pour éclaircir leurs doutes. Mais c'est en vain qu'elles brûlent de satisfaire leur curiosité; le gouverneur, le capitaine et moi sommes les seuls dépositaires du fatal secret. Cependant on s'empresse de donner des secours à Angélina. Mme la gouvernante sonne ses femmes, et on la transporte dans la pièce voisine. Géraldo, tourmenté par la jalousie, sous le prétexte d'éviter de l'embarras à Mme la gouvernante, la fait transporter chez elle, et ne reparaît plus. Cet accident avait tellement paralysé mes facultés morales, que je restais toujours à la même place dans une parfaite immobilité.

Cinq-à-Six, à qui cet événement avait donné beaucoup d'humeur, m'entraîna hors du salon et me conduisit dans le jardin. « Eh bien! me dit-il, vous devez être fort content de vous? Ah! si j'avais pu croire que cette petite sotte se trouvât sur le canapé, vous ne m'y auriez point amené, et voilà le résultat de nos maudits usages! Allez donc saluer des femmes qui s'évanouissent à votre approche, et qui se trouvent mal quand elles le veulent. Nous voilà dans une belle position! Toutes ces femmes se regardent, se parlent à l'oreille, et Dieu sait que de caquets elles feraient, si elles connaissaient le mot de l'énigme. Le gouverneur, j'en suis sûr, est furieux, et vous devez vous attendre de sa part aux plus vifs reproches. »

— « C'est précisément pour cela, mon cher ami, que je ne veux pas rester à dîner ; je suis décidé à m'en aller. — Point du tout, M. Freytag, point du tout, vous resterez : vous voyez le mouvement qui se fait déjà ; on se met à table, venez et suivez-moi. Si vous agissiez différemment, votre absence serait remarquée, et on devinerait. Faufilons-nous parmi les autres, le dîner et le bon vin feront oublier cette farce tragique. » J'aurais bien volontiers renoncé à la fête, au dîner et à toute cette société, pour voler chez Marie-Rose, et la prier de se rendre auprès d'Angélina, afin de savoir de ses nouvelles ; mais c'eut été manquer au gouverneur, à mon ami Cinq-à-Six et me manquer à moi-même.

Je fus fort triste et fort maussade pendant tout le tems du dîner, qui me parut d'une longueur insupportable. A peine fut-il terminé, que je m'approchai du gouverneur, en le priant de me permettre de me retirer, parce que je me sentais indisposé. « Capitaine, me répondit le gouverneur, avec un air railleur, votre indisposition n'est pas assez grave pour vous empêcher de commettre encore quelqu'indiscrétion dans le genre de la scène de tantôt; faites-moi l'amitié de rester avec nous, je veux vous voir danser. »

Piqué du refus ironique du gouverneur, je le quittai et partis comme un trait pour me rendre chez Marie-Rose.

CHAPITRE XII.

Le Portugais jaloux. — Rendez-vous — Tristes et derniers adieux. — Départ d'Angélina. — Conclusion.

Il était déjà fort tard; tout le monde dormait profondément. Je frappai avec précaution et cette bonne femme vint aussitôt m'ouvrir sa porte. Je lui racontai rapidement la scène qui venait de se passer chez le gouverneur, et la priai de se rendre en toute hâte auprès d'Angélina. Marie-Rose ne me laissa point achever; elle me dit qu'elle rentrait à peine lorsque j'étais arrivé; qu'on l'avait fait appeler; qu'elle avait laissé Angélina assez bien portante, quoiqu'agitée encore, et qu'elle espérait que la nuit et le repos achèveraient de lui rendre la santé. » Son indisposition eût été moins prolongée, ajouta-t-elle, sans les questions embarrassantes que ne cessait de lui adresser le jaloux Géraldo. Il voulait absolument lui arracher l'aveu du motif qui avait produit en elle une révolution si subite.

Angélina, dont la bouche n'a jamais été souillée par le mensonge, lui dit naïvement qu'il lui avait semblé rencontrer les regards d'une personne pour laquelle son père avait eu beaucoup d'estime et d'amitié : que, frappée de cette idée qui en avait fait naître mille autres, elle avait perdu connaissance. Je voyais les traits de la physionomie de Géraldo se décomposer de colère et, avec cette brusquerie que vous lui connaissez, il lui demanda impérieusement le nom de cette personne. « Je crois, répondit-elle, qu'il se nomme Freyda. » Aussitôt Géraldo se retira avec humeur, et la laissa tranquille un instant. »
» Ce cruel Géraldo m'a tant tourmentée, dit Angélina, qu'il m'a enfin arraché un secret qui devrait être inconnu à la terre entière. O ma chère Marie-Rose ! que je suis donc malheureuse ! » Je fis tous mes efforts, continua la mulâtresse, pour alléger sa douleur, et je lui promis d'aller la voir demain matin de bonne heure. »

Lorsque Marie-Rose eut cessé de parler, je la priai de dire à Angélina combien je souffrais de sa situation. « Échappez-vous un instant dans la matinée, ajoutai-je, vous viendrez m'informer de l'état de sa santé ; n'oubliez pas, surtout, que vous m'avez promis que je la verrais et lui parlerais pour la dernière fois. — Cela sera plus difficile à présent, mais il n'importe, je ferai de mon mieux pour votre satisfaction mutuelle. »

Le lendemain elle trouva Angélina toute seule et bien portante. Géraldo était sorti pour rendre une visite au capitaine Cinq-à-Six. Il chercha à savoir de lui ce que c'était que ce capitaine Freyda. Cinq-à-Six pénétra le motif de toutes ces questions. « Ah! vous êtes jaloux, M. Géraldo, dit le corsaire; eh bien! vous avez grand tort; sachez que ce capitaine, dont vous me parlez, est un honnête homme, incapable de commettre une action blâmable; voilà tout ce que je puis vous apprendre sur son compte; le reste ne me regarde en aucune manière. D'ailleurs, M. Géraldo, si quelqu'un ici vous cause de l'inquiétude, que n'allez-vous trouver le gouverneur? demandez-lui la permission de vous en aller; de mon côté, je n'y mettrai aucune opposition, et je suis persuadé qu'il se fera un plaisir de vous l'accorder. — *Santa Maria!* M. Cinq-à-Six, vous à qui j'ai tant d'obligations, indiquez-moi, je vous prie, les moyens de sortir d'ici et de me rendre à Lisbonne. — Il en est un bien facile : embarquez-vous avec le capitaine Bowers qui, dans huit jours, va appareiller pour Boston aux États-Unis; arrivé dans ce port, vous rencontrerez très-facilement des occasions pour Lisbonne. »

Géraldo, ivre de joie, se rendit chez le gouverneur, et obtint de lui son passage sur le navire de M. Bowers. Rentré chez lui, il fit part à Angélina de l'heureux succès de ses démarches. L'arrangement fut conclu avec le capitaine Bowers, en présence de Marie-Rose, qui vint m'apprendre de suite cette fâcheuse nouvelle. Elle ajouta qu'elle avait eu la plus grande peine à faire consentir Angélina à cette entrevue, parce qu'on redoutait encore quelqu'incident fâcheux : « Mais je l'ai rassurée sur cet article, et lui ai dit que cette entrevue aurait lieu chez moi. Elle y a enfin consenti, mais en tremblant. Nous en avons fixé le jour à après-demain, cinq heures du soir, et votre entretien ne se prolongera pas au-delà d'un quart d'heure. — Un quart d'heure! Marie-Rose, c'est bien peu, j'aurai à peine le tems de la regarder. — Eh quoi! vous n'êtes pas encore content? c'est plus de tems qu'il n'en faut pour des adieux : de la prudence, je vous prie, ou... » Elle fit un geste significatif et se retira.

Géraldo, tout entier aux préparatifs de son départ, ne fit aucune difficulté d'accorder la permission de la promenade. Au jour indiqué, je me rendis à l'endroit convenu : une petite négresse me fit entrer dans un cabinet, en me disant qu'elle avait ordre de sa maîtresse de m'y enfermer, et d'en retirer la clef jusqu'à son arrivée. Pendant une heure et demie, je me morfondis dans cette prison ; enfin Marie-Rose ouvrit la porte, et me dit que ces dames étaient dans le jardin, et disparut.

Un instant après, on vint me prier de passer dans le salon. A ma grande surprise, j'y trouvai Angélina, une de ses femmes sa confidente, et Marie-Rose. Ma présence ne fit pas sur elle, cette fois, le même effet que chez le gouverneur. Elle sut commander à son émotion ; elle me fit asseoir à ses côtés, et me dit d'une voix mal assurée : « Mon ami, j'ai désiré autant que vous un dernier entretien ; j'ai voulu que ce fût en présence de deux femmes pour lesquelles j'ai la plus parfaite estime : ce n'est pas, au reste, que j'aie le moindre doute sur vos sentimens d'honneur, c'est uniquement pour ma propre satisfaction et pour ne blesser en rien la décence. Le sort n'a pas permis que nous soyons unis l'un à l'autre ; il fut un temps où nous pouvions espérer ce bonheur ; mais les circonstances ont amené des obstacles que nous ne prévoyions pas alors. Recevez-en mes regrets avec mon dernier adieu ; il faut nous séparer ; adieu!... adieu, pour toujours. » A ces mots elle sortit avec ses femmes en versant un torrent de larmes. Je voulus la retenir et lui baiser la main ; ce fut en vain, elle s'éloigna en me faisant signe, sans me regarder, de ne point la suivre. Marie-Rose fit tous ses efforts pour m'arrêter et m'enfermer chez elle. Elles s'éloignèrent à grands pas de la maison, et je vis Angélina qui, de loin, se retournait encore et me saluait en agitant son mouchoir.

Lorsque je l'eus perdue de vue, je sentis toute l'horreur de ma situation. Notre entretien avait été si court que je n'avais pu lui adresser une seule parole. Mon âme fut en proie à mille sentimens pénibles, et j'atteignis ma demeure dans un état de souffrance qui me contraignit à me jeter sur mon lit. J'y cherchai en vain le repos, et ce ne fut que lorsque l'accablement et la lassitude atteignirent leur plus haut période que je me livrai à un sommeil agité.

Bientôt après Géraldo s'embarqua avec ces dames pour se rendre aux États-Unis. J'ai su depuis que ce dernier, très-satisfait des bons procédés du capitaine Bowers, pendant la traversée, avait fait avec lui, à Boston, un arrangement pour le conduire à Lisbonne. Géraldo mourut quelques jours avant leur arrivée, et Angélina, en attendant une occasion pour le Brésil, se mit dans un couvent. Lorsqu'elle l'eût trouvée, elle en profita aussitôt pour aller s'enfermer le reste de ses jours, avec sa tante, dans le couvent de Saint-Ildefonse.

C'est ainsi que se terminèrent mes malheureuses amours avec Angélina. Le souvenir de ses vertus sera toujours présent à ma mémoire. Elle eût été aussi bonne épouse et aussi tendre mère, qu'elle avait été bonne fille, et il ne se passe point de jour que je ne regrette encore les courts momens que j'ai passés au Para.

CHAPITRE XIII.

Nègres libres. — Le baron Dockwitz. — Anecdotes sur ce colon. — La Franchise, Maison de correction. — Comment les Noirs y étaient traités.

A l'arrivée de Burnel dans la Guyane, en qualité d'Agent du gouvernement, les Nègres étaient déjà libres depuis environ trois ans, et, malgré l'adresse de M. Jeannet son prédécesseur, qui avait pris les mesures les plus sages pour maintenir la tranquillité dans la colonie, il y avait eu souvent des insurrections parmi les nouveaux libres. Ils s'étaient fait de la liberté une idée tellement fausse, qu'ils s'imaginaient que, pour en jouir, il ne devaient être assujétis à aucun travail, ni soumis à aucune loi.

Pour leur faire envisager cette même liberté sous son véritable point de vue, on envoyait dans tous les cantons des commissaires, chargés de la leur développer. Cette mission m'a été confiée à moi-même. On réussissait, pour quelque tems, à calmer leur effervescence. Le travail leur était payé régulièrement et à un taux raisonnable. Ils étaient traités avec beaucoup de douceur, on écoutait leurs plaintes, et on leur rendait la justice avec impartialité. Les habitans blancs sont naturellement bons, et je ne pense pas qu'il y eût une colonie où les nègres fussent conduits avec autant d'humanité.

Pendant le long séjour que j'ai fait dans ce pays, je n'ai connu qu'un seul colon inhumain, c'était le baron Dockwitz. Ce misérable, à l'époque de l'esclavage, allait dans ses plantations, armé d'un fusil à deux coups. Il exigeait que ses nègres fussent toujours courbés sous le poids du travail, il ne leur permettait pas de se relever un instant pour respirer et, si ce *crime* était commis par un nègre ou par une négresse, il leur tirait son coup de fusil à bout portant.

Le Gouvernement, instruit de la barbarie de ce monstre, le chassa de la colonie; mais, après une absence de plusieurs années, il obtint la permission de rentrer. Son exil ne le corrigea nullement : il était toujours dur et cruel envers ses nègres et ne cessait de les maltraiter ; cependant il crut devoir s'interdire les coups de fusil.

L'anecdote suivante donnera une idée de l'originalité, de l'orgueil et de l'avarice de ce vilain homme.

Son habitation était située de l'autre côté de la rivière de Cayenne, dans le canton de Macouria. Il venait quelquefois à la ville pour ses affaires. Il avait, sur la place d'Armes, une maison qui ressemblait assez à une cage à poules. Toutes les fois qu'il y arrivait, sa mulâtresse avait ordre de mettre un grand nombre de couverts ; il n'avait cependant fait aucune invitation. Comme tout était ouvert et qu'on pouvait facilement voir dans l'intérieur les apprêts d'un grand repas, chacun se disait : « Ah ! mon Dieu ! quel prodige étonnant ! M. Dockwitz donne aujourd'hui à dîner, lui qui n'offre jamais un verre d'eau, même à ses amis. » Il lui suffisait qu'on dît en ville qu'il traitait ses amis ; c'était là toute son ambition. Il avait l'air d'attendre les convives et, quand l'heure était arrivée, il se mettait à table tout seul, appelait sa mulâtresse Mathilde et lui disait : « Il paraît que ces messieurs ne viendront pas, donne-moi ma pimentade. » (*)

(*) On appelle pimentade du poisson coupé en tronçons, bouilli avec du sel et du lard fondu. Dans ce bouillon que l'on fait très-long, on met du couaque ou de la cassave, dont nous avons plus haut donné la description ; ce ragoût se nomme pimentade, à cause de la grande quantité de piment que l'on y ajoute. C'est le mets favori des créoles de Cayenne. Il est sain, rafraîchissant et tonique. *Note de l'Auteur.*

C'est de cette manière que cet original satisfaisait à la fois son orgueil et son avarice ; mais voici un trait d'un autre genre, qui peindra sa fourberie insigne.

Il était à Cayenne, le jour de l'arrivée du bâtiment qui apportait la loi sur l'abolition de l'esclavage. On conçoit le chagrin du Baron, à cette nouvelle. Aussitôt son esprit travaille, fermente et, en un instant, il a conçu un plan satisfaisant. Il fait venir son équipage nègre, qui ignorait encore l'événement : « Vîte, vîte, *mes enfans*, partons, partons pour l'habitation. » Il mit tant de bonté dans les paroles qu'il adressa à ces pauvres nègres, que ces derniers, ne pouvant croire à un changement si extraordinaire dans le caractère de leur maître, se persuadèrent qu'il était tombé en démence. Enfin on s'embarque ; il presse les nègres de faire force de rames ; il prend lui-même la pagaye [13], travaille avec eux et se mouille de la tête aux pieds. On arrive ; aussitôt il fait appeler le commandeur, auquel il avait ordonné tout récemment encore, les traitemens les plus durs, il le *prie* de rassembler dans le salon de sa case tous ses nègres et négresses, grands et petits, et le plus tôt possible.

Il serait impossible de peindre toute l'hypocrisie dont il usa, en cette circonstance. Les nègres étant rassemblés, le baron Dockwitz paraît au milieu d'eux, encore tout essoufflé et mouillé jusqu'aux os.

« *Mes enfans ! mes chers enfans*, leur dit-il, vous voyez l'empressement que j'ai mis à venir vous annoncer une nouvelle extraordinaire qui doit vous combler de bonheur. Je n'avais cessé de prier le bon Dieu, pour que *ce jour heureux* arrivât bientôt. Mettez-vous tous à genoux et répétez avec moi les louanges que je vais adresser à Dieu et à notre sage gouvernement de France. *Ce jour heureux* que j'ai tant desiré pour vous, est enfin arrivé. »

Les nègres, le voyant dans cette agitation et ne pouvant rien comprendre à un langage aussi extraordinaire, quoiqu'il leur parlât créole, se mirent, les uns à pleurer, les autres à rire, persuadés que leur maître avait l'esprit aliéné, et attendirent avec impatience la fin de ce discours extravagant.

» Vous êtes libres, mes chers enfans, ajouta-t-il, vous êtes libres et dignes de l'être. Il n'y aura plus parmi nous désormais d'autre différence que celle de la couleur. Vous allez jouir des mêmes droits que les blancs, vous aurez les mêmes priviléges ; vous êtes devenus *citoyens*.

Jouissez donc sans crainte d'une liberté que vous devez à mes ferventes prières; liberté que je veux partager avec vous : mais il faut me promettre de ne point abandonner notre habitation, de travailler avec ardeur pour gagner davantage ; car, dès aujourd'hui, vos journées vous seront payées à raison de six sous marqués. (9 sous de France qui font 12 de colonie.) Vous serez nourris comme par le passé. Vous laisserez votre argent entre mes mains, je vous le conserverai soigneusement toute l'année, et même, si vous le jugez convenable, jusqu'à ce que vous ayez une somme suffisante pour acheter du terrain et travailler pour votre propre compte. »

» Eh bien ! mes enfans, êtes-vous contens de mes procédés, et consentez-vous à ce nouvel arrangement ? — Oui, maître, oui, maître, s'écrièrent-ils, tous à la fois ; nous ne vous quitterons pas et nous travaillerons beaucoup. »

La liberté fut proclamée dans toute la colonie, et bientôt il y eut un mouvement général. Grand nombre de nègres quittèrent leurs anciens maîtres pour contracter avec d'autres. Le baron Dockwitz soutint son rôle de fourbe et de tartuffe, avec tant de bonheur, que non-seulement tous ses nègres restèrent à son habitation, mais encore un grand nombre d'autres abandonnaient leurs anciens bons maîtres pour venir grossir celui des nègres forçâts de Dockwitz, et au point que son habitation est devenue une des plus riches de la colonie. M. Dockwitz fit des récoltes si abondantes, qu'en moins de dix-huit mois, il chargea plusieurs bâtimens de ses denrées, s'embarqua et partit pour les États-Unis d'Amérique, en ayant toutefois la précaution d'oublier de solder le salaire de ses nègres.

Il n'était pas juste d'établir de comparaison entre les autres habitans blancs et M. Dockwitz. Ils n'avaient point des intentions aussi criminelles, mais l'exemple du baron avait éteint la confiance des nègres, quoique cependant leurs maîtres se conformâssent rigoureusement aux règlemens prescrits par le nouveau gouvernement. L'établissement d'une maison de correction sur une habitation considérable, nommée la Franchise, appartenant à l'état, acheva de les indisposer. Les nègres qui, dans les autres habitations, n'avaient point une conduite régulière, étaient envoyés dans cette maison pour un tems proportionné à leur degré de culpabilité. A leur entrée, on leur administrait un certain nombre de coups de fouet, également proportionnés à la gravité du délit; ensuite on exigeait d'eux la tâche journalière, telle qu'aux tems de l'esclavage, et s'ils négligeaient de la remplir en entier, on leur distribuait de nouveau cinquante coups de fouet ; on ajoutait en plus à la tâche du lendemain ce qui avait manqué à celle de la veille, ainsi de suite, toujours progressivement jusqu'à l'entier accomplissement de la tâche exigée. Dès que le tems de leur réclusion était expiré, ils étaient encore assujétis à un nombre indéterminé de coups de fouet : c'était, disait-on, pour leur rafraîchir la mémoire.

Cette espèce de justice coloniale avait été provoquée par les insurrections continuelles dans les habitations ; insurrections, que la crainte du châtiment ne suspendait que momentanément.

Je donne les détails de cette maison de correction avec connaissance de cause ; pendant six mois, j'ai commandé le détachement qui y séjournait pour protéger le régisseur en chef contre les révoltes, quoique je fusse souvent *révolté* moi-même de ces cruautés ; mais malgré ma philantropie, je n'étendais point cette honorable qualité jusqu'à former ou seconder des projets plus cruels encore, je veux dire que je n'aurais jamais eu la perfidie d'exciter la haine, déjà trop forte, des nègres contre les habitans blancs. Dans ces sortes de guerres civiles, ces derniers étaient toujours les plus maltraités, et auraient même tous été exterminés, comme on va le voir par la conduite atroce du gouverneur Burnel (*), sans la prudence et la fermeté de quelques hommes influens.

(*) M. Burnel avait été envoyé précédemment dans l'Inde pour révolutionner ce pays et y proclamer la liberté des nègres; mais les autorités et les habitans de l'isle de France, instruits de la mission de ce nouveau proconsul, s'opposèrent à son débarquement, et le renvoyèrent avec sa nombreuse suite en France. Ce sage parti préserva cette colonie des désastres que chercha à exercer plus tard à Cayenne, ce génie du mal; mais, par un bienfait de la providence, ce malheur fut prévenu à tems.

Note de l'Auteur.

CHAPITRE XIV.

Détails sur le Gouvernement de Cayenne. — Projet d'armer les nègres. — Opposition de la garnison et des habitans. — Acte de vigueur. — L'auteur part pour Sinnamary.

Burnel avait amené avec lui de France tout ce qu'il y avait de plus crapuleux dans les différentes professions ; de mauvais avocats sans cause, des officiers qu'on avait chassés de leurs régimens, etc. Tous ces hommes voulaient faire leur fortune, indifférens d'ailleurs sur le choix des moyens.

Burnel ayant l'autorité en main, plaça tous ces chevaliers d'industrie d'une manière avantageuse et conforme à ses vues. M. Desvieux fut remplacé dans son commandement de place par un nommé Frey, avocat, et qui jamais n'avait été militaire ; les autres furent employés dans les différentes administrations. Tout étant parfaitement organisé à la satisfaction du gouverneur, on ne vit plus que des orgies. L'ivresse la plus complette était l'état habituel de toutes ces nouvelles autorités.

Comme ce genre de divertissement ne s'accordait point avec mes goûts, j'évitais ces réunions bachico-gastronomiques, autant que je le pouvais, et plus particulièrement encore lorsqu'il s'y trouvait des nègres, car on semblait y avoir tout exprès admis les plus mauvais sujets. Burnel en recevait à sa table, lors même qu'il dînait en famille.

Des nègres sans prévoyance et indiscrets, laissaient par fois échapper des propos qui annonçaient clairement la proximité d'une grande catastrophe. Je ne voyais plus que fort rarement le citoyen Agent, il m'en fit des reproches et me dit un jour : « Vous connaissez le citoyen Marin, régisseur de la ci-devant maison de correction la Franchise. — Oui, citoyen Agent. — On dit qu'il tire fort bien un coup de fusil, que c'est un bon chasseur? — Oui, citoyen Agent. — Eh bien! comme nous sommes menacés par les Anglais d'une prochaine invasion, écrivez-lui que je le nomme commandant de tout son canton, et que je lui enverrai des armes en assez grande quantité pour armer tous les nègres, et que je le charge de leur instruction, afin de les mettre en état de défendre leur liberté et la colonie. »

Ces paroles furent un coup de foudre pour moi. Je connaissais la tendance naturelle des nègres à l'insurrection, et l'ordre que Burnel venait de me donner, me fit frémir. Fournir des armes aux nègres, c'était sacrifier tous les malheureux habitans blancs ; et Burnel, dans tous ses discours, manifestait contre ces derniers une haîne implacable.

Je lui demandai la permission de faire quelques observations sur ce qu'il venait de me dire, il me répondit qu'il voulait être obéi. — « De quel poids peut être ma lettre à M. Marin, qui sait que je ne suis rien dans le gouvernement, et que je n'ai aucune autorité légale pour lui transmettre des ordres? Ceci est de la compétence de votre secrétaire général et non de la mienne. — Je veux que ce soit vous, parce que vous le connaissez ; allez, et obéissez. — Mais je vous porterai la lettre à signer ? — Non, cela n'est pas nécessaire. »

Je ne fus point fâché de ce dernier refus, qui me donnait la latitude de m'entretenir librement avec M. Marin, de lui détailler tout ce qui se tramait sourdement, et de prévenir par là de grands malheurs.

Je connaissais en effet beaucoup M. Marin, c'était un brave et honnête homme, précieux par ses connaissances dans la culture du pays; je lui écrivis aussitôt une fort longue lettre, pour le prévenir de l'orage qui était sur le point d'éclater. J'étais convaincu que la prétendue invasion des Anglais n'existait que dans l'imagination de Burnel. Je lui recommandai particulièrement de faire déposer les poudres qu'il recevrait dans un lieu bien humide, afin que l'on fût dans l'impossibilité de s'en servir, et de mettre également les armes en magasin, avec la précaution d'en garder la clef. Par la même occasion, je lui envoyai une autre lettre, écrite dans le sens de la volonté du gouverneur, et je le priai de livrer aux flammes celle qui contenait mes instructions particulières.

M. Marin fut enchanté de la confidence, il vint tout exprès à Cayenne pour me remercier; il m'assura qu'il avait usé de tant d'adresse et pris ses précautions avec tant de prudence, qu'il était désormais impossible de tirer le moindre parti des armes et des munitions. Les nègres, ajouta-t-il, sont depuis quelque tems d'une insolence révoltante, ils poussent leur audace jusqu'à faire des menaces, dès qu'on veut exiger d'eux le moindre travail; il règne parmi eux une effervescence dont les effets seraient funestes, s'ils parvenaient à secouer le joug. Je vous confesse, mon cher Freytag, que si cet état de choses devait durer, j'abandonnerais l'habitation et retournerais en France.

Si M. Marin eût exécuté ce projet, l'habitation considérable qui appartenait à l'État aurait fait une très-grande perte; sous tous les rapports possibles, cet homme estimable ne pouvait être remplacé convenablement.

Les inquiétudes allaient toujours croissant; les projets criminels de Burnel n'étaient plus un secret pour personne, et il fermait l'oreille à toutes les représentations des colons; il ne recevait chez lui que des nègres. Quelques jours avant l'événement qui le perdit, il me fit appeler, me proposa de le seconder de tout mon pouvoir dans son entreprise de réduire les blancs, et essaya de m'éblouir par la promesse d'une grande fortune : « Lorsqu'il s'agira du bien de mon pays et du salut de la colonie, lui répondis-je, vous pouvez toujours compter sur moi, je ferai mon devoir et ne dévierai point du chemin de l'honneur. — Bien, bien, je m'attendais à cette réponse de votre part, réunissez-vous à nos amis et agissons avec prudence. » J'étais loin d'avoir la moindre envie de réunir mes efforts à ceux de cette tourbe de scélérats, pour détruire la paix de la colonie. La réponse que je fis au gouverneur était celle d'un véritable Français, et son aveuglement la lui fit sans doute interpréter en sa faveur.

Aussitôt nous assemblâmes un conseil secret, composé des capitaine Kerkove, commandant l'artillerie; Frisson, capitaine de grenadiers; Charlemont, Labourdonnaye et moi (*). M. Donat et plusieurs habitans notables y furent également admis. Je leur fit part des propositions odieuses que le gouverneur m'avait faites, et nous avisâmes aux moyens d'arrêter le cours de cette prochaine insurrection. La crainte d'un massacre général des blancs leur suggérait des mesures intempestives et impraticables, dont l'unique fruit eut été de nous compromettre tous sans utilité.

Mon avis était de laisser arriver la chose à

(*) Des officiers de la garnison étaient devenus propriétaires, soit par les mariages qu'ils avaient contractés dans la colonie, soit au moyen des concessions qu'ils avaient obtenues et défrichées. Ils étaient dès-lors, plus intéressés au maintien de l'ordre, et à contenir les noirs dans la subordination. De mon tems, de simples lieutenants avaient commencé à former des habitations, encouragés et secondés par les capitalistes et le commerce du pays.

Note de l'Editeur.

son dernier période ; qu'alors nous frapperions les grands coups. Je leur dis que mes nègres domestiques, qui me conservaient un attachement inviolable, m'avaient informé d'un grand rassemblement qui devait avoir lieu le dimanche suivant. D'après l'ordre du gouverneur, tous les nègres devaient se rendre à Cayenne, sous le vain prétexte de s'armer pour la défense de la colonie. « Je suis persuadé, leur dis-je, Messieurs, que ce jour-là est celui fixé par Burnel pour l'exécution de son abominable projet ; gardez le plus profond secret sur ce que je viens de vous apprendre ; ayez en moi assez de confiance pour me laisser conduire cette affaire. Je puis compter en toute sûreté sur mon brave bataillon d'Alsace pour la défense de notre cause. Je prends tout sous ma responsabilité, et nul sacrifice ne me coûtera, celui même de mon existence, s'il est nécessaire, pour déjouer les projets infâmes de Burnel. » Tout étant convenu entre nous, on attendit le dimanche avec anxiété et notre assemblée eut lieu le vendredi.

L'inspection fut ordonnée, comme à l'ordinaire, pour le dimanche. La troupe était, par conséquent, toute prête à prendre les armes. Bientôt on vit, de toutes parts, les nègres qui arrivaient en chantant : on considérait ce mouvement avec une apparente tranquillité. Enfin, la place d'armes se remplit de nègres ; plusieurs d'entr'eux s'emparaient même déjà des pièces de canon, qui étaient placées devant la maison du gouverneur et la municipalité. Ce dernier voyait tout ce désordre de sa croisée, et n'ordonnait aucune mesure de répression. C'est alors que je montai chez M. Stéphan, commandant du bataillon d'Alsace, que Burnel venait d'élever au grade de colonel. « Colonel, lui dis-je, ne voyez-vous donc pas tout ce qui se passe sous vos yeux?.... »

Il faut observer que le colonel Stéphan était un parfait honnête homme, mais qu'il avait une telle faiblesse de caractère et une telle pusillanimité, qu'il était incapable de prendre aucune décision dans un moment de danger. Il répondit à ma question, en me disant qu'il voyait fort bien tout cela, mais que tout ce rassemblement était sans doute autorisé par le Gouvernement, et qu'il n'opérerait lui-même aucun mouvement, sans des ordres préalables de M. Burnel. « Comment, lui dis-je, vous ne connaissez point les intentions criminelles de cet Agent ? — Que voulez-vous donc que je fasse ? — Faites battre la générale, il n'y a pas une minute à perdre. — Sans les ordres de l'Agent ? Dieu m'en garde ! —

Eh bien! vous voulez donc vous perdre? Autorisez-moi à le faire, puisque vous vous y refusez; je veux vous sauver malgré vous. » Le colonel était tout tremblant : « Faites ce que vous voudrez, me dit-il, mais je ne vous autorise à rien. »

Je me rends aussitôt en toute hâte au quartier. Les troupes, par les soins de MM. Labourdonaye et Charlemont, étaient déjà sous les armes. Je me mets à leur tête, et j'arrive sur la place tambour battant. Je sommai les nègres de se retirer, en les menaçant de faire feu. Ils ne firent aucun cas de mes menaces, et refusèrent d'évacuer la place. J'ordonnai à la compagnie de grenadiers d'avancer et de faire feu. Au même instant, je montai chez le Gouverneur, en le priant d'ordonner la rentrée des nègres dans leurs habitations.

« Quoi! s'écria-t-il, vous, capitaine, qui aviez promis de me seconder de tous vos efforts, vous osez maintenant agir contre ma volonté? — Citoyen Agent, lui répondis-je, je vous ai promis, il est vrai, de vous prêter l'appui de mon bras, et je tiendrai ma parole; mais, lorsque vous manquez à tous vos devoirs, que vous perdez de vue le véritable but des fonctions qui vous ont été confiées par le gouvernement Français, il est de mon honneur de vous remettre dans la bonne voie, et d'arrêter le cours de vos desseins pernicieux. » A ces mots, Burnel, hors de lui : « Grenadiers! cria-t-il à ses factionnaires, saisissez-vous de lui, qu'il soit fusillé sur-le-champ. » Ces grenadiers qui, précisément, étaient de mon bataillon, ne firent pas le moindre geste offensif; et, m'adressant à eux : « C'est ce monstre-là, leur criai-je, qu'il faut saisir ; je vous ordonne de le garder à vue jusqu'à mon retour; vous me répondrez de lui ! » Le premier feu de mes grenadiers sur ces malheureux nègres, qui étaient au nombre de plus de six mille, jeta l'épouvante parmi eux ; ils se dispersèrent; c'était à qui regagnerait le plus vîte son habitation : tous ceux qui se laissèrent atteindre furent mis en prison.

Les grenadiers, auxquels j'avais confié la garde du gouverneur, avaient exécuté fidèlement mes ordres ; et Burnel, étourdi d'un acte aussi décisif, tomba dans une attaque d'épilepsie, maladie à laquelle il était sujet. A peine eut-il recouvré l'usage de ses sens, qu'il m'envoya l'ordre de partir, à l'instant, avec un détachement de cinquante hommes, pour empêcher le débarquement des Anglais à Sinnamary.

Je me transportai au quartier pour demander

cinquante braves de bonne volonté qui voulussent me suivre : tous voulaient m'accompagner. Enfin, le détachement une fois complet, je me dirigeai vers le port pour m'embarquer, et passer la rivière de Cayenne. Sur mon chemin, je rencontrai les officiers, les soldats, les habitans qui, par intérêt pour moi, ne voulaient point me laisser partir. Je leur répliquai que j'avais reçu des ordres, et que je les exécuterais, dussè-je passer à travers mille baïonnettes. Ce fut avec la plus grande peine que je parvins à m'embarquer. Arrivés de l'autre côté de la rivière, il nous fallait faire notre route jusqu'à Sinnamary, et dans le sable dont l'ardeur nous brûlait les pieds (*).

J'assemblai mes fidèles Alsaciens. « Mes amis, leur dis-je, l'ordre que j'ai reçu de l'Agent n'est qu'un moyen pour se défaire de moi ; c'est une ruse de ce fourbe insigne, et il n'y a point

(*) Il y a vingt-quatre lieues de Cayenne à Sinnamary. Le chemin suit toujours la côte, entre les paletuviers qui croissent dans les terres basses, et les terres hautes. De distance en distance, on rencontre les habitations qui deviennent plus rares, quand on a dépassé l'Anse de Macouria. Les Colons voyagent à cheval ou se font porter en hamac par des nègres. Cette façon d'aller est aussi douce que commode, elle est surtout employée par les femmes.

Note de l'Editeur.

d'Anglais à Sinnamary ; mais il n'importe, marchons toujours, tenons-nous sur nos gardes, et si nous sommes attaqués, nous nous défendrons avec courage ; avec vous, je ne crains rien ; j'affronterais les dangers les plus terribles. » Tous ces braves soldats me jurèrent de me défendre jusqu'à la dernière goutte de leur sang. Aussitôt nous nous mîmes en marche ; la journée fut de six lieues et nous arrivâmes à l'habitation de Mme d'Allemand. (*)

(*) Cette dame existe encore ; elle est âgée de quatrevingt-neuf ans.

CHAPITRE XV.

Arrivée à Sinnamary. — Ordre d'arrêter l'auteur. — Petite guerre. — Capture du commandant Frey. — Désagréments du séjour de Sinnamary. — Embarquement du Gouverneur par l'assemblée coloniale. — Retour à Cayenne.

CETTE respectable dame était déjà instruite, en partie, de ce qui venait d'arriver à Cayenne ; elle offrit des rafraîchissemens à ma troupe, et me prodigua mille soins à moi-même. Elle me pria de lui rendre un compte exact de tout ce qui s'était passé ; mais l'agitation que m'avait causé cette démarche hardie, et la lassitude de la route, m'avaient tellement accablé, que je perdis connaissance. Lorque, par les soins de Mme d'Allemand, j'eus repris mes esprits, elle me remit une lettre qui venait de m'arriver, par un exprès, de la part de mes amis. J'avais la vue si troublée encore, que je priai Mme d'Allemand de m'en faire la lecture; elle était conçue en ces termes :

« Accélère ta marche le plus que tu pourras; le commandant Frey est à ta poursuite avec trois cents nègres armés; il a l'ordre de te faire fusiller partout où il te rencontrera; ne te laisse point atteindre : à Sinnamary tu trouveras des amis qui se joindront à toi. En attendant, nous agissons toujours de notre côté. Cette nuit, nous formerons une assemblée coloniale. Les nègres arrêtés ont peur; ils parlent, et nous découvrent des choses horribles : tu seras informé de tout. Adieu. »

La lecture de cette lettre me rendit tout mon courage et ranima mes forces; j'en communiquai le contenu à mes braves. « Partons, partons, s'écrièrent-ils tous, si vous ne pouvez encore marcher, nous vous porterons; d'ailleurs, avec vous, nous ne craignons pas ce Frey, eût-il avec lui six cents nègres. » Je remerciai ces fidèles soldats de leur dévouement à ma personne, et nous reprîmes notre marche.

Nous arrivâmes, le cinquième jour, à Sinnamary. Je fis aussitôt assembler les habitants; je leur appris ce qui s'était passé à Cayenne, sans oublier l'arrivée prochaine de Frey avec ses nègres. Ceux-ci firent, sur-le-champ, avertir les habitants, de huit lieues à la ronde, de venir se joindre à nous.

Je fis alors mes dispositions de défense. Une batterie fut élevée en avant du poste, sur le chemin que devait prendre, forcément, l'*avocat commandant* Frey. Je fis braquer sur cette batterie, une vieille pièce de quatre, la seule que j'eusse pu trouver, chargée à mitraille. Je plaçai des factionnaires de distance en distance, jusqu'à moi, pour être instruit, à tems, de l'arrivée de ce *redoutable* Frey, qui n'avait, de sa vie, brûlé une amorce, mais qui ne manquait pas, en revanche, de méchanceté.

Le lendemain, dès la pointe du jour, j'allais faire une visite de poste, lorsque, du haut de ma batterie, j'aperçus de loin une troupe qui s'approchait.

Je rassemblai aussitôt une cinquantaine d'hommes de bonne troupe, et une vingtaine d'habitans bien déterminés, et armés chacun d'un fusil à deux coups. Je les mis en bataille sur deux rangs, et deux habitans, vieux artilleurs, étaient chargés de servir la pièce : c'est dans cette attitude que j'attendais l'armée noire qui venait m'attaquer.

Arrivé à deux portées de canon, Frey fit arrêter sa troupe, et se porta un peu en avant, en agitant un mouchoir blanc d'une main, et, de l'autre, un papier. Je lui envoyai mon tambour, pour lui signifier d'approcher seul, d'ordonner à sa troupe de mettre bas les armes, de ne faire aucun mouvement, ou sinon que j'allais tirer sur eux à mitraille.

Le commandant Frey exécuta tout ce que mon tambour lui ordonna de ma part. Il s'avança sans aucune escorte, vint à moi, et me dit, d'un ton mielleux : « *Mon ami*, je suis chargé d'une commission bien pénible pour moi ; mais vous savez que, dans *notre état*, obéir est le premier devoir. Vous connaissez Burnel, il est naturellement bon ; mais, lorsqu'il est dans ses emportemens, il devient terrible, cruel même, comme vous allez le voir par l'ordre que j'ai reçu de lui, et dont vous êtes le sujet. Tenez, lisez.

Je l'interrompis pour lui signifier de renvoyer les gens qu'il avait amenés avec lui, en leur députant un de mes nègres qui m'était affidé, pour leur annoncer que le commandant Frey était mon prisonnier, et qu'ils n'avaient qu'à se rendre dans leurs habitations respectives, s'ils ne voulaient pas s'exposer à être tous massacrés. Frey y consentit, et mon nègre Soliman fut chargé de cette mission. Soliman, qui joignait à beaucoup de courage une rare intelligence, leur communiqua mes ordres avec précision, et les engagea à s'en retourner au plus vite; mais les nègres s'emparèrent de lui, prirent les armes, et se mirent en marche pour délivrer leur commandant.

J'ordonnai à ma troupe de ne faire aucun mouvement, et de laisser arriver cette nuée de nègres en désordre, jusqu'à demi-portée de la mitraille. Je fis faire un mouvement rétrograde pour les attirer davantage. Ils avançaient avec un air d'assurance et d'intrépidité ; mais, au premier coup de canon, qui fut suivi d'une décharge de mousquetterie, ils se débandèrent et prirent la fuite. Les habitans, avec leurs fusils à deux coups, et quinze hommes de mon détachement, les poursuivirent jusqu'à Quadimala, à trois lieues de Sinnamary.

Mon nègre Soliman saisit le moment de la déroute pour venir me rejoindre. Il me rapporta que les nègres, en fuyant, répétaient que ce Freytag avait fait un pacte avec le diable, et qu'il les exterminerait tous s'ils ne rentraient dans le devoir.

L'ordre du gouverneur, que me communiqua Frey, portait : de me poursuivre avec activité, et de me faire fusiller, sans aucune autre forme de procès, dès que l'on m'aurait atteint.

« Vous êtes bien persuadé, je pense, dit Frey, que je n'ai jamais eu l'idée de mettre cet ordre à exécution. Je suis certain que Burnel, revenu de sa colère, en aurait eu le plus grand regret. Vous ne sauriez croire à quel point il vous estime ; et il vous en estimera encore davantage, lorsque je lui aurai rendu compte de tout ce qui vient de se passer. Veuillez, je vous prie, me donner un guide qui me conduise à Cayenne. »

« Point du tout, M. le commandant, vous demeurerez ici, avec moi; je vous enfermerai dans une prison que j'ai à bord d'un bâtiment; et, jusqu'à ce que je reçoive des nouvelles de Cayenne, vous ne communiquerez qu'avec moi seul : » je le conduisis moi-même vers le port.

« Quel pays affreux que Sinnamary, me disait-il en chemin! est-il possible qu'il y ait des êtres assez dégoûtés du monde, pour s'ensevelir dans ces déserts? A Cayenne, je ne pouvais m'habituer à ces figures pâles et livides; je plaignais sans cesse ces malheureux blancs ; mais que devrai-je donc dire à Sinnamary? »

» Eh bien! lui répondis-je, quel crime ont donc commis ces infortunés blancs, que vous plaignez avec tant d'humanité, pour leur ravir leurs biens, leur liberté et même la vie ? la cupidité!.. » Grand Dieu! s'écria Frey en m'interrompant, voyez ce monstre épouvantable!... Dieu! où fuir? où nous cacher? »

C'était, en effet, une couleuvre énorme, qui sortait des broussailles pour traverser notre chemin. « Ne craignez rien, lui dis-je, on peut éviter facilement ces reptiles; prenez à gauche, suivez-moi. »

Bientôt les moustiques, les maques et les maringouins assaillirent ce pauvre commandant, et le tourmentèrent d'une manière affreuse; il se débattait, se démenait, et ne savait à quel saint se vouer. « Quel pays épouvantable! ne cessait-il de répéter à chaque instant; c'est un véritable enfer ! » (14)

Nous arrivâmes enfin à la prison que je lui avais destinée. Le bâtiment était mouillé au milieu de la rivière. A terre, les insectes l'avaient tourmenté horriblement; mais, au milieu de la rivière, c'était bien pire encore. « Pour Dieu! s'écria-t-il, ne me laissez point ici ! tous ces animaux vont me dévorer, enfermez-moi partout où vous voudrez. »

« Partout, lui dis-je, vous éprouverez les mêmes tourmens; mais je vais vous faire allumer du feu sur le pont, et la fumée les éloignera. —Eh! quoi? du feu, par une si grande chaleur? être obligé de me *boucaner* de fumée pour ne pas être la proie de ces vilains animaux; Dieu! le remède est pire que le mal. Me laisserez-vous long-tems dans ce déplorable état? — Cela dépendra des nouvelles que je recevrai de Cayenne. — Aurai-je de quoi manger et boire? — Je vous enverrai de la cassave, de la viande salée et du taffia; je n'ai, moi-même, pas autre chose pour ma nourriture en ce moment. Bon soir, monsieur le commandant, bonne nuit; ne cherchez point à vous évader, car on tirerait sur vous. »

Le lendemain matin, j'allai visiter mon prisonnier : il était, véritablement, dans un état pitoyable; sa figure, ses mains étaient tout ensanglantées par les piqûres, et noircies par la fumée.

Aussitôt qu'il m'aperçut : « Ah! capitaine, s'écria-t-il, tirez-moi de cet enfer, ou vous allez me voir mourir. — Vous avez passé une mauvaise nuit, à ce qu'il paraît, monsieur le commandant, mais je ne puis guère améliorer votre sort ici; cependant, si vous voulez essayer de vous mettre dans une petite baraque, à côté de la mienne, je vous y ferai placer un hamac. — Je vous en serai bien reconnaissant. — Eh bien! suivez-moi, vous verrez si cette demeure vous convient davantage. »

Cette baraque était couverte, comme toutes les autres, de feuilles de balalou. (C'est un arbre dont les feuilles ont cinq ou six pieds de long, et deux à trois pieds de large.) Quoiqu'elle fut bousillée, cela n'empêchait pas les insectes, les crapauds, les serpens et des chauve-souris d'une énorme grosseur, d'y pénétrer la nuit (*).

Cette baraque, ainsi que la mienne et toutes les autres, était fort humide, et Frey avait à craindre les morsures des serpens qui sont très-dangereuses. Avant de l'installer dans son nouveau logement, je lui fis toutes ces observations, et surtout je lui dis que je n'avais point de moustiquaire à lui donner, et que je ne pouvais en priver mes soldats pour lui. Un des habitans de Sinnamary, M. Bosquet, passait dans ce moment : je le priai de m'en prêter une pour mon prisonnier.

(*) Ces chauve-souris sont extrêmement dangereuses. Lorsqu'on n'est pas bien enveloppé dans son hamac avec une moustiquaire, espèce de tente de canevas ou de gaze, ces chauve-souris, sans se poser sur vous, produisent avec leurs aîles un vent très-léger et, pendant ce tems, elles vous ouvrent une veine sans vous réveiller, et vous sucent le sang jusqu'à satiété. Le dormeur s'affaiblit par la perte de son sang et ne se réveille plus. C'est ce qui est arrivé à plusieurs de nos soldats et de nos matelots qui, ayant trop chaud sous leur moustiquaire, avaient eu l'imprudence de la déranger, et on les trouva le lendemain morts et baignés dans leur sang.

Note de l'Auteur.

« L'humanité, me dit-il, est sans doute un sentiment que la nature nous commande, mais, devrait-on jamais l'exercer envers des monstres qui, par une honteuse cupidité, ne se font aucun scrupule de détruire leurs semblables, pour s'enrichir de leurs dépouilles, et qui établissent leur fortune sur la ruine des autres? Puissent tous ceux qui ont trempé leurs mains dans cet atroce complot, être envoyés ici pour y expier leur crime : leur supplice serait peut-être encore trop léger. »

M. Bosquet, en s'en allant, jeta sur Frey un regard de dédain et de mépris : il lui envoya, néanmoins, deux moustiquaires; je les lui arrangeai moi-même de manière à ce que les insectes ne pussent l'incommoder. Il m'accabla de remercîmens; mais, le lendemain, lorsque j'allai le voir, il me dit qu'il n'avait pu fermer l'œil de la nuit; le croassement des crapauds énormes, le sifflement des serpens, le bourdonnement des maringouins et des maques, l'avaient empêché de se livrer au sommeil.

On vint, en ce moment, m'avertir qu'un exprès, arrivé de Cayenne, demandait à me parler et à me remettre des dépêches dont il était porteur.

Ces dépêches m'annonçaient que, grâce à la

vigilance de l'assemblée coloniale, le complot avait été entièrement découvert ; qu'on avait fait le procès de l'Agent Burnel ; qu'il était arrêté, et mis à bord d'un bâtiment qui devait le conduire en France, avec tous ses misérables complices. Deux officiers de mon bataillon, nommés Cousandier et Martin, étaient impliqués dans cette affaire. On me donnait ordre de renvoyer de suite le commandant Frey, sous bonne escorte, à Cayenne. On n'attendait plus que lui pour faire mettre à la voile le bâtiment qui devait conduire en France, pour y être jugée, cette troupe de boute-feux (*). On m'enjoignait, en outre, de me mettre en route, pour Cayenne, le lendemain du départ de Frey.

Ce dernier, en apprenant cette nouvelle, accablait Burnel de malédictions. « Il a toujours agi avec trop d'imprudence, disait-il, et il a compromis tous ses amis, et tous ceux qui lui étaient dévoués. Au reste, mon cher capitaine, quelque chose qui nous arrive, comptez tou-

---

(*) Ce qu'il y a eut de plaisant dans cet embarquement, c'est que le commissaire du Gouvernement fut conduit au port, avec tous les honneurs dûs à son rang. La troupe était sous les armes, musique en tête, les tambours battant aux champs, et les postes présentant les armes.

Note de l'Editeur.

jours sur mon estime. Adieu ! conservez toujours vos mêmes principes, et ne vous écartez jamais du chemin de l'honneur. »

Cette sorte de recommandation, dans la bouche d'un être aussi vil et aussi méprisable que ce Frey, me fit hausser les épaules de pitié, et ce fut là toute ma réponse.

Malgré le sort rigoureux qui, vraisemblablement, l'attendait en France, il n'était pas fâché de rompre tout commerce avec ces animaux importuns qui, pendant la nuit, lui causaient des frayeurs si horribles. Jamais je n'ai rencontré d'homme aussi poltron et aussi pusillanime ; à l'aspect d'un serpent, d'un crapaud, d'un singe même, il jetait des cris épouvantables, et un tremblement universel s'emparait de tous ses membres.

CHAPITRE XVI.

Retour de Jeannet à Cayenne. — Arrivée de Collot-d'Herbois et Billaud-Varennes. — L'auteur envoyé en France avec une mission importante. — Traversée périlleuse, tempête. — Rencontre d'un navire Prussien.

A son arrivée à Cayenne, Frey fut embarqué avec ses complices, et le bâtiment mit à la voile. La colonie, ainsi purgée, fut sagement gouvernée par l'assemblée coloniale, composée d'hommes estimables et éclairés.

Je n'entreprendrai point de décrire les témoignages d'amitié et de reconnaissance dont m'accablèrent les habitans et les militaires à mon retour à Cayenne. Mon entrée fut un véritable triomphe ; je n'éprouvai jamais mieux qu'en cette circonstance tout le plaisir que procure une conscience sans reproche.

Jeannet revint dans la colonie avec les mêmes pouvoirs qu'il avait avant son départ. A cette époque, Collot-d'Herbois et Billaud-Varennes furent déportés à Cayenne [15]. On les enferma tous deux dans le fort, mais séparément, et ils ne pouvaient communiquer ensemble ; il leur fut également interdit toute communication avec les habitans. Les capitaines du bataillon d'Alsace, commandés à tour de rôle pour la ronde du jour, eurent ordre de visiter ces prisonniers, mais avec défense expresse de s'entretenir avec eux. Collot-d'Herbois, seul, obtint la faveur de sortir une heure par jour, pour se promener avec le capitaine de service qui devait répondre du prisonnier et le ramener.

J'ignorais alors encore le motif de la déportation de ces deux hommes à Cayenne, mais le jour où je fus commandé pour la promenade de Collot, j'appris de lui-même tous les crimes dont il était coupable ; il m'en faisait l'énumération et le détail avec une espèce d'orgueil, et je frémis du degré de scélératesse de cet homme ; je le reconduisis dans sa prison, en me promettant bien de ne plus revoir un pareil monstre. Je fis part à mes amis de toutes les horreurs que j'avais apprises de la bouche de Collot même, en ajoutant que je n'assisterais plus à sa promenade ; qu'un tel service n'étant point dans les devoirs d'un militaire, je refuserais désormais de le faire, et que les officiers Français ne portaient point une épée pour remplir les fonctions d'un geolier. (16)

Des gens officieux redirent ces propos au chef de bataillon Cointet; celui-ci, qui voyait les deux prisonniers avec beaucoup d'intimité, me fit appeler pour m'ordonner les arrêts en me menaçant de me faire partir pour la France.

« Je ne demande pas mieux, lui répondis-je, car je suis persuadé que, dans ma patrie, on ne dégrade pas le caractère d'un officier Français en lui faisant faire un métier indigne de lui. »

Je gardai les arrêts pendant quinze jours, mais on ne me commanda plus de service auprès du trop fameux Collot-d'Herbois.

Le gouverneur Jeannet, qui m'honorait toujours d'une confiance sans bornes, me dit un jour en dînant qu'il allait me charger d'une mission très-importante, et me confier des dépêches et autres objets pour le gouvernement de France. Ces objets consistaient en deux petits coffres, contenant pour la valeur de cinq millions et demi de pierreries de toute espèce, et en six grandes caisses remplies de toutes sortes d'articles pour le cabinet d'histoire naturelle de Paris. Il me recommandait surtout de remettre moi-même tous ces objets entre les mains du Gouvernement. « Vous vous imaginez bien, me dit-il, qu'en vous confiant cette mission, mon intention est de vous faire récompenser des services signalés que vous avez rendus à la colonie. Ainsi, mon ami, faites vos préparatifs et tenez-vous prêt à partir au premier vent favorable. »

En huit jours tout fut embarqué sur le Cutter *le Dragon*, petit bâtiment à un seul mât, et portant huit pièces de canon. J'avoue que l'aspect d'un si petit navire, qui n'était guère plus fort qu'une grande chaloupe de vaisseau, ne m'inspira pas beaucoup de confiance ; mais une circonstance qui me donna un peu plus de fermeté, c'est que le gouverneur en avait confié le commandement à un capitaine de mes amis, homme très-expérimenté dans l'art de la navigation, et qui portait le courage jusqu'à la témérité. L'équipage fut également choisi parmi les meilleurs marins. Quoique la mer ne m'inspirât aucune crainte, et que j'eusse déjà fait un grand nombre de voyages, je prévoyais que celui-ci serait très-pénible, et la suite ne justifia que trop mes pressentimens.

Nous mîmes à la voile le 2 nivôse an 5 (1796), j'avais embarqué avec moi un domestique nègre, nommé Diamant, excellent sujet.

Nous naviguâmes pendant huit jours par un tems magnifique. Le dernier jour de ce beau tems, le matelot posté en vigie sur le mât, (c'était un gros Breton), se laissa tomber, et malgré le roulis qui aurait dû le lancer à la mer, il tomba sur le dos de mon pauvre Diamant, et lui cassa les reins; ce malheureux rendit du sang par la bouche, le nez et les oreilles; le matelot ne se fit pas le moindre mal, il remonta de suite sur le mât et se remit à son poste. Mon nègre mourut quatre jours après dans des souffrances horribles (*). Le mauvais tems qui survint, nous empêcha de lui porter le moindre secours. Depuis que la tempête avait éclaté, notre misère allait toujours croissant; nous ne pouvions plus faire la cuisine. Les énormes lames qui passaient à chaque instant sur notre frêle bâtiment, en innondaient tout l'intérieur; nous étions toujours entre deux eaux. Enfermés dans la petite chambre du capitaine, nous pouvions à peine respirer par les écoutilles; le lard cru était notre unique nourriture.

(*) J'ai été témoin d'un accident semblable, dans la rade de New-Yorck, à bord de la frégate *la Didon*. Un jeune aspirant de marine, se laissa tomber, de la hune du grand mât sur un matelot qui se promenait sur le pont. L'aspirant n'eut pas le moindre mal, se releva en riant et grimpa de nouveau à son poste. Le matelot resta long-tems sans connaissance, et fit une dangereuse maladie à la suite de cet événement.

Note de l'Editeur.

Nous espérions toujours que ces bourasques se calmeraient enfin; mais ce fut bien pis encore au banc de Terre-Neuve; il s'était élevé un ouragan terrible; on ne pouvait plus laisser dehors une seule voile sans qu'elle fût mise à l'instant en lambeaux. Les matelots ne pouvaient se tenir sur le pont; deux d'entr'eux avaient déjà été enlevés par les vagues, il n'en restait plus que dix qui s'étaient attachés avec des cordes. Le capitaine, lui-même, se fit lier au gouvernail, à côté du timonnier, il ne pouvait plus faire d'autre commandement que ceux de *droite*, *gauche*, pour couper les lames qui se présentaient comme de grosses montagnes ; on n'en aurait pu entendre aucun autre, tant le sifflement des vents dans les cordages et les mugissemens de la mer étaient épouvantables. Il fallait saisir le mouvement des lames et les couper à mesure qu'elles s'élevaient pour ne pas être engloutis. Souvent notre bâtiment se trouvait entièrement couvert par les lames et ne faisait plus aucun mouvement ; à chaque instant nous croyions entendre sonner notre dernière heure. Nous demeurâmes 22 jours entiers dans cette cruelle situation. Il est vraiment incroyable que nous ayons pu supporter ainsi toutes les angoisses de la mort, car nous avions perdu jusqu'à l'espérance ; mais ce fut surtout au moment où notre unique mât se brisa, avec un fracas épouvantable, que nous nous crûmes perdus.

La troisième nuit après cet événement le tems se calma un peu ; nous ne savions plus où nous étions ; l'habitacle, la boussole, tout était brisé, nous nous abandonnâmes au gré du vent qui ne laissait pas que d'être fort ; cette situation dura quatre jours et nous souffrîmes horriblement du froid et de la faim. Il est impossible de se faire une idée de notre joie, lorsque le capitaine s'aperçut d'un léger changement dans la couleur de l'eau, et qu'il nous assura que nous ne devions pas être éloignés de la terre ; le brouillard le lui indiquait aussi. Aussitôt nous nous empressâmes tous de prendre les rames, nous travaillâmes toute cette journée et toute la nuit : le lendemain le capitaine reconnut la terre, nous étions en vue de l'Isle-Dieu.

Nous aperçûmes en même tems, sous le vent à nous, plusieurs gros vaisseaux que le capitaine reconnut avec sa lunette pour une division Anglaise ; cette division détacha une corvette pour venir nous reconnaître, mais en nous voyant sans mâts et sans canons (nous les avions jetés à la mer au premier coup de vent que nous avions essuyé), elle se retira, nous prenant sans doute pour des pêcheurs.

Pendant que la corvette Anglaise s'approchait de nous, on me dit : « Maintenant que nous avons tant souffert, il ne tient qu'à vous, et notre fortune est faite. — Comment donc, répliquai-je à celui qui m'adressait la parole ? — Le moyen est facile, formons un mât avec un aviron et attachons-y notre pavillon ; les Anglais ne manqueront pas de venir nous prendre ; alors nous aurons bien le tems, si vous y consentez, d'enfoncer les petits coffres et de partager entre trois les richesses qu'ils contiennent ; de plus, il nous sera facile de cacher ces pierreries dans le linge de nos malles, que les Anglais ne prénnent plus maintenant, tandis qu'au commencement de la guerre, ils ne laissaient pas même une chemise. La France n'est plus la même, le Gouvernement est ingrat, et tout n'est plus que fourberie et intrigue. En Angleterre on est aussi bien qu'ailleurs, partout on est bien quand on est riche, et si vous avez le désir de revenir en France, votre argent vous en facilitera les moyens. »

Cette proposition ne m'inspira que le plus profond mépris pour celui qui me la faisait, malgré l'amitié qui nous unissait.

« Se livrer volontairement à ses ennemis, lui répondis-je, par un motif d'intérêt, est une action indigne d'un homme d'honneur. Plutôt vivre le reste de mes jours dans la plus grande misère, que de m'enrichir par une bassesse. Nous voilà arrivés au port et je prétends achever ma mission. — Eh! bien, me répliqua-t-il, vous ne voulez pas m'écouter, je vous réponds que vous aurez lieu de vous en repentir. — Je ne me repentirai jamais d'avoir fait mon devoir. »

Nous continuâmes notre route et nous doublions l'Isle-Dieu pour entrer dans le port Saint-Martin, lorsqu'un navire Prussien s'approcha de nous et nous héla en Allemand; j'étais le seul à notre bord qui pût comprendre et répondre. Ce bâtiment arrivait de Dantzick, il était chargé de planches et il venait les échanger contre du sel à Saint-Martin. Le capitaine, ne connaissant pas ce port, nous pria de l'entrer; nous arrivâmes le soir à Saint-Martin. Le capitaine Prussien vint mouiller aussi près de nous, que la mer, qui était très-houleuse, pouvait le permettre; il fit lancer sa chaloupe à la mer et nous envoya son second pour engager les officiers de notre bord à souper avec lui; nous fûmes enchantés de cette invitation; nous étions quatre, y compris le chirurgien, et quoique nous eussions le pied marin, il y avait du danger à s'embarquer dans la petite chaloupe Prussienne. La mer était si grosse, les lames si fortes, qu'il fallait saisir le moment où elles s'élevaient, à peu près à la hauteur du pont du bâtiment, pour se jeter à platventre dans la chaloupe. En arrivant au bâtiment Prussien, il fallait opérer la même manœuvre, c'est-à-dire saisir le mouvement de la lame pour sauter sur le pont.

Le capitaine Prussien me fit l'accueil le plus cordial. Il nous offrit des pipes et du tabac; mais je m'empressai de lui dire que ce n'était pas là ce qu'il nous fallait; je lui donnai connaissance, en peu de mots, de notre détresse. Il en fut très-touché, et ordonna aussitôt au cuisinier de hâter le souper. En attendant, il nous présenta de l'eau-de-vie et nous prêta à chacun une chemise, pendant qu'on faisait sécher les nôtres. Vingt fois je fus auprès du cuisinier le prier de ne pas trop faire cuire sa morue et ses pommes de terre. Il jura, s'impatienta, mais enfin le souper arriva. Je crois que de ma vie je n'ai fait un meilleur repas. Le capitaine s'aperçut avec plaisir que ce qu'on avait servi ne suffisait point; il fit apporter aussitôt un jambon crû, mais bien fumé, auquel nous fîmes aussi beaucoup d'honneur. Ce bon capitaine, pendant le souper, avait fait transporter à notre bord une bonne quantité de pommes de terre et quatre jambons pour l'équipage.

Vers minuit, nous prîmes congé du capitaine, en le remerciant beaucoup du service qu'il nous avait rendu. Mais notre pauvre chirurgien, en s'embarquant dans la chaloupe, manqua le mouvement de la lame, tomba dans la mer et disparut. C'est presque toujours, quand un accident est arrivé, que l'on commence à prendre des précautions. Nous nous jetâmes dans la chaloupe avec une corde à la main; elle était soutenue par les matelots du bâtiment, de sorte qu'en cas de malheur, on pouvait facilement nous retirer de l'eau. Nous prîmes la même précaution pour remonter à notre bord. Nous étions bien séchés, bien restaurés, et nous passâmes une nuit délicieuse.

CHAPITRE XVII.

Arrivée à Rochefort. — Mission contrariée. — Départ pour Gorée. — Débarquement à la côte d'Afrique. — Achat de cinquante dents d'éléphant. — On met à la voile pour l'Amérique. — Craintes très-fondées.

Le lendemain, nous appareillâmes pour entrer dans la rivière de Rochefort. Deux jours après, nous arrivâmes dans ce port.

Les douaniers vinrent aussitôt visiter notre bâtiment. Le capitaine fut obligé de faire la déclaration du chargement. A peine en eurent-ils pris connaissance, qu'ils se rendirent auprès de leur officier et lui en firent part. Celui-ci en fit son rapport au vice-amiral M*** qui ordonna de ne pas nous laisser descendre à terre jusqu'à nouvel ordre. Je reçus fort mal l'officier qui vint nous communiquer cette mesure : « Comment ! lui dis-je, après tant de souffrances et de dangers, nous arrivons au port, nous manquons de tout, même de vivres, et on a la barbarie de nous empêcher de descendre à terre pour y prendre quelques soulagemens! Je suis chargé d'une mission importante pour le gouvernement Français, et je vous prie de me faire parler à votre amiral. — M. le vice-amial, me répondit-il, m'a dit qu'il ne vous recevrait que demain dans la journée. » M. M*** avait sans doute besoin de calculer la conduite qu'il devait tenir avec moi ; il s'agissait de plusieurs millions, et cela méritait bien quelques réflexions. Le lendemain, vers midi, on vint m'avertir que je pourrais me présenter à M. le vice-amiral. Il eut la bonté de me recevoir assez poliment. Lorsque je lui eus fait connaître l'importance de ma mission et communiqué les ordres du gouverneur de Cayenne, je le priai de me procurer les moyens les plus sûrs et les plus prompts pour me rendre à Paris, auprès du gouvernement.

« Votre mission se termine ici, mon cher capitaine, me dit M. M***, j'ai les ordres les plus formels de ne laisser approcher de Paris aucun officier venant des colonies, sous quel prétexte que ce puisse être. — Quoi! m'écriai-je, je ne pourrai exécuter les ordres que je viens de vous présenter de la part du gouverneur de Cayenne? »

« Votre gouverneur de Cayenne, reprit-il,

n'a point d'ordres à donner en France. Vous allez faire déposer chez moi les objets dont vous êtes chargé et, comme c'est à moi de les faire parvenir à leur destination, la décharge que je vous en donnerai vous suffira pour votre responsabilité. »

Je lui fis observer que cette mission m'avait été confiée à titre de récompense, pour les services que j'avais rendus à la colonie, comme il pouvait le voir par la lettre du gouverneur au Ministre de la marine. « J'ai souffert, ajoutai-je, tout ce qu'il est possible de souffrir ; j'arrive en France et, au moment de jouir des récompenses que j'ai si bien méritées, vous voudriez...... — Vous me forcerez, par votre obstination, interrompit M. M***, à prendre contre vous des mesures de rigueur qui me répugneraient. Je vous le répète, vous ne pouvez aller plus loin. Écrivez au Ministre de la marine, rendez-lui compte de l'objet de votre voyage, envoyez-lui la lettre de recommandation de votre gouverneur, je vais même l'apostiller et, en attendant sa réponse, vous demeurerez à Rochefort ; vous viendrez tous les matins ici pour savoir s'il y a quelque chose de nouveau pour vous. Allez, faites débarquer et déposer chez moi tous les objets destinés au gouvernement. »

Lorsque je me rendis à bord, le capitaine n'eut pas de peine à lire sur ma figure ce qui se passait dans mon ame. « Eh bien! me dit-il, vous n'avez pas voulu me croire ; je parierais que tout ce qu'on vous a prédit est arrivé. » Je lui racontai alors ce qui venait de se passer. « Il n'est plus temps de se désoler, vous avez laissé échapper un coup de fortune qui ne se retrouve pas deux fois dans la vie. Vous ne connaissez pas encore l'ingratitude des gouvernemens démocratiques. »

« N'importe, lui dis-je, j'ai rempli mon devoir, je n'ai rien à me reprocher. »

J'avais sollicité, avec les plus vives instances, une permission d'un mois pour me rendre au sein de ma famille que je n'avais pas vue depuis dix ans. On eut la cruauté de me la refuser, et cette démarche me valut une surveillance très-sévère, pendant les trois mois de mon séjour à Rochefort.

Je ne recevais ni solde, ni logement ; toutes mes plaintes à cet égard furent infructueuses. D'après l'ordre du vice-amiral, je me présentais tous les matins chez lui, et jamais je ne recevais de réponse du Ministre de la marine. J'étais dans la plus mortelle inquiétude sur mon sort.

Un jour, j'allai lui demander de me faire

sortir du département de la marine, pour me faire passer à celui de terre, afin que l'on m'envoyât à l'armée, ne pouvant soutenir le fardeau d'une existence aussi inactive. Il me répondit qu'il venait de recevoir l'ordre de me faire embarquer de suite sur la frégate *la Gaîté*; qu'on me confiait une nouvelle mission pour Gorée et le Sénégal, sur les côtes d'Afrique; que, lorsque je l'aurais achevée, je retournerais à ma destination à Cayenne.

Je vis alors clairement l'usage qu'on avait fait des richesses que j'avais apportées pour le gouvernement, et cet usage était nécessairement la cause de mon ordre de départ. Ce jour-là, mon surveillant ne me perdit pas un instant de vue. Vers les dix heures du soir, on me conduisit à bord de la frégate qui appareilla le lendemain pour se mettre en grande rade et y attendre un vent favorable.

Le quatrième jour, nous cinglâmes vers la côte d'Afrique. Ce voyage n'avait aucun but important; je n'avais que des dépêches à remettre dans ces différens pays.

A Gorée, en me promenant sur le bord de la mer, je fus abordé par un nègre qui me proposa de lui acheter cinquante-quatre dents de morfil (dents d'éléphant.) qu'il me disait avoir cachées dans un bois à un bon quart de lieue, environ, de la mer. Je ne connaissais pas la langue des nègres de la côte d'Afrique ; mais notre conversation se fit par des démonstrations et des signes que j'avais appris à bien connaître par les nègres, nouvellement introduits dans la colonie de Cayenne. Comme je ne me fiais nullement à ce nègre, j'emmenai avec moi huit hommes armés de notre équipage. Arrivé à l'endroit où il avait déposé son trésor, je vis effectivement une certaine quantité de dents de morfil, d'une très-belle grosseur. Je lui en demandai le prix ; il me montra deux fois ses dix doigts, ce qui signfiait vingt pièces ; mais étaient-ce vingt pièces d'or ou d'argent ? c'est ce que j'ignorais. Pour m'en éclaircir, je lui montrai un écu de six francs, le mouvement de sa tête qu'il secoua fortement, m'apprit que c'était de l'or qu'il voulait.

Persuadé que je faisais une acquisition qui me vaudrait au moins vingt mille francs, si j'avais le bonheur d'arriver en Amérique, je n'hésitai point à lui compter les vingt louis. Je fis aussitôt transporter ces dents à bord par les gens de notre équipage. Pendant que ces derniers faisaient leurs voyages, je restai avec un certain nombre de matelots, pour garder le reste, et pour rassurer un peu mon esprit inquiet, j'interrogeai ce nègre pour savoir comment il s'était procuré ces dents de morfil. Il me fit comprendre, par ses gestes, qu'il les avait tirées d'un gros navire qui s'était jeté sur la côte et dans lequel il n'y avait plus que trois hommes morts. Il ajouta que tous ceux de ses camarades qui avaient été à bord de ce bâtiment, pour en retirer les marchandises, étaient morts au bout de huit jours ; que lui seul avait eu le bonheur d'échapper, parce qu'il n'était point allé à bord en sa qualité de plus ancien et n'ayant d'autre fonction que celle d'ordonner.

Les démonstrations et les gestes de ce nègre m'effrayèrent. Je craignis que la peste, qui, selon toute probabilité, était sur ce bâtiment, ne fût également dans ces dents de morfil. Je commençais à regretter mon marché, mais il n'était plus tems ; la majeure partie de ma marchandise était déjà à bord, et chargée au fond de cale. Je me gardai bien de faire remarquer mon inquiétude aux matelots, persuadé que, si ces dents étaient encore infectées de la peste, elle se serait déjà communiquée à l'équipage, et que je mettrais, mal à propos, l'épouvante parmi eux, en faisant jeter cette marchandise à la mer.

Le nègre, à qui mon inquiétude n'échappa point, me rassura un peu, en me faisant comprendre que, depuis deux ans, ces dents étaient cachées dans ce bois; que son habitation n'en était pas éloignée; que ses enfans venaient souvent s'asseoir dessus en jouant, et qu'enfin il il n'y avait absolument rien à craindre.

Tous ces éclaircissemens ne m'empêchèrent pas de nourrir secrètement une anxiété continuelle; je craignais toujours de voir les braves gens qui m'environnaient, en proie à une mort certaine, dont ma cupidité eût été la cause. Cette idée me poursuivait avec tant d'opiniâtreté, que j'en avais perdu le sommeil, et qu'à tous momens, je demandais à chacun des nouvelles de sa santé. Les officiers de marine s'étant aperçus de la tristesse dans laquelle j'étais toujours plongé, me plaignirent d'abord, et se moquèrent quelquefois de moi, attribuant la cause de mon chagrin au mauvais succès de ma mission de Cayenne en France. Ils cherchaient à m'en consoler de leur mieux, et m'accablaient souvent de questions sur le véritable motif de ma sombre humeur; mais j'éludais toujours, et mon funeste secret demeurait au fond de mon cœur. Je les ai quelquefois entendus se disant entre eux : « Ou il a perdu la tête, ou quelque douleur secrète le mine, il faut le laisser tranquille. »

Lorsque, par hasard, j'avais un moment de gaîté, aussitôt le souvenir de ces maudites dents venait me rendre à mes appréhensions.

CHAPITRE XVIII.

Rencontre de trois frégates Anglaises. — Combat naval. — Le bâtiment Français est pris. — L'équipage à bord des Anglais. — Traitemens inhumains exercés sur un des prisonniers. — Changement de situation.

Il y avait déjà six semaines que nous étions en route pour Cayenne, lorsque, vers les neuf heures du matin, le matelot en vigie cria : « Navires ! — Combien ? — Trois. — Sont-ils gros ? — Oui. » Le capitaine monte aussitôt dans les hunes du grand mât avec sa lunette, et, en descendant, il nous dit que c'étaient trois frégates Anglaises. Il ordonna *le branle-bas partout* (*), et on se prépara au combat.

(*) Au commandement de *branle bas partout*, les batteries sont débarrassées de tout ce qui les obstrue; les hamacs, les sacs des militaires et des marins garnissent le bastingages. Les canonniers disposent tous les accessoires de leurs pièces. On monte sur le pont, et dans les hunes, les espingoles, les fusils, les pistolets, les sabres, les haches d'armes, et tous les ins-

Le capitaine Guinet était aussi brave qu'expérimenté ; la force n'était pas égale, nous étions un contre trois : il était donc prudent de changer de route, de mettre toutes les voiles dehors, et de battre en retraite.

Cette manœuvre s'opéra avec le plus grand ordre ; chacun était à son poste : le mien était au mât d'artimon, avec une espingole à la main.

Intérieurement, je n'étais pas fâché d'un événement qui faisait diversion à mes idées. L'ennemi, cependant, s'approchait avec une vîtesse incroyable. Bientôt une de ses frégates nous coupe la retraite ; l'autre nous prend en flanc, et nous lâche sa bordée de tribord, revire de bord, et nous tire celle de bas-bord ; enfin, les trois frégates nous entourent, et dirigent contre nous un feu épouvantable.

Malgré l'extrême supériorité de nos ennemis, nous nous battions en désespérés, et comme

trumens de destruction que l'on a à sa disposition. On prépare les grapins d'abordage : les boulets ronds, les boulet ramés, la mitraille, les grappes de raisin, et autre projectiles sont entassés à portée des pièces, pendant que les mousses vont chercher des gargousses à la Sainte-Barbe. Enfin, chacun se place au poste qui lui a été assigné d'avance. Un *branle bas* bien fait s'exécute en dix ou quinze minutes. C'est un spectacle imposant et terrible, pendant lequel règne un silence profond, comme le calme qui précède l'orage.

Note de l'Editeur.

des gens qui veulent vendre cher leur existence. Le capitaine avait ordonné de faire clouer le pavillon au grand mât ; ce qui indique la résolution de périr plutôt que de se rendre. Les Anglais s'en aperçurent, et ils cherchèrent alors à nous couler bas. Nous nous défendîmes avec un acharnement inoui ; le pont était jonché de morts et de blessés. Un boulet de canon enleva un morceau du bastingage où j'étais placé ; ce morceau me frappa sur la poitrine, et me renversa si rudement contre une pièce de canon de bas-bord, que je me crus perdu. (Le même morceau de bastingage, qui me renversa d'une manière si brusque, ôta la vie à un mousse qui, dans cet instant, me présentait des cartouches.) Je n'étais cependant que meurtri, mais d'une manière assez grave pour ne pouvoir me relever de suite. Au milieu de ce trouble et de cette sanglante boucherie, j'entends un officier qui crie : « Grâce ! bon Dieu ! grâce ! nous allons tous périr ; la frégate coule à fond. »

Cette exclamation me fit faire un grand effort, et, malgré mes souffrances, je me traînai vers le milieu du pont, pour voir encore une fois notre brave capitaine : notre feu avait cessé de partout faute de combattans. « Ah ! quel malheur, me dit-il, êtes-vous dangereusement blessé?

— Je crois que je ne suis que fortement meurtri. » En cet instant, les Anglais montent à notre bord : « Vîte, vîte, s'écrièrent-ils, nous venons vous sauver ; votre frégate coule à fond ; dans un quart d'heure, elle ne paraîtra plus sur la surface de la mer. » D'autres Anglais se précipitent dans nos chambres, saisissent nos malles, et on nous transporte (c'est-à-dire, ceux de nous que l'on croyait encore rappeler à la vie) à bord des frégates Anglaises.

L'officier de quart de celle où on me conduisit était ivre, et lorsque je montai à bord, il m'appliqua un rude coup de plat de sabre sur la tête. Déjà affaibli par la fatigue du combat et par la blessure que j'y avais reçue, je ne sais où je puisai la force de combattre cet indigne officier ; j'avais été tellement étourdi que, ne sachant plus ce que je faisais, je me battis avec tous ceux qui se présentaient devant moi ; enfin, on s'empara de moi, et on me jeta dans la fosse aux lions, où l'on me mit les fers aux pieds et aux mains. On rendit de moi un compte très-défavorable au capitaine Anglais, Colson ; et, dans cette circonstance, il était trop occupé à faire réparer les dommages de son bâtiment (car les frégates Anglaises avaient aussi beaucoup souffert de notre défense), pour prendre, à mon égard, des informations exactes. Je restai quatre jours dans la fosse-aux-lions, en proie à toutes les souffrances; j'étais presque asphyxié par la fumée de la cuisine; les fers que j'avais aux pieds et aux mains ne me permettaient de faire aucun mouvement; je souffrais cruellement de mes contusions et de mes meurtrissures; et, pour comble de malheur et d'humiliation, j'étais, à chaque instant, maltraité et insulté par les matelots Anglais : ils se dégradaient même jusqu'à me cracher à la figure.

Je ne pouvais, en aucune manière, faire parvenir mes plaintes au capitaine qui, depuis long-tems, ne pensait plus à moi.

Enfin, j'aperçus un officier qui venait visiter la cuisine; je l'appelai, et lui demandai si on avait résolu de me laisser mourir dans cet état de misère et d'abjection; je le priai instamment de dire au capitaine que, s'il avait envie de se défaire de moi, je préférais être jeté à la mer. Cet officier, me voyant dans une situation si déplorable, me fit ôter mes fers sur-le-champ, m'engagea à monter sur le pont, pour y respirer l'air dont j'avais le plus grand besoin, et me promit de parler de suite en ma faveur au capitaine.

Je dois ici rendre justice au capitaine Colson ;

il me fit appeler aussitôt dans sa chambre : j'étais dans un état à exciter la pitié du cœur le plus endurci : il voulut apprendre de moi-même la manière dont cette affaire s'était passée. A peine eus-je rempli son désir, qu'il s'excusa sur son oubli à mon égard, et me témoigna le plus vif regret de m'avoir laissé souffrir si long-tems. « Je veux, ajouta-t-il, que des hommes qui se défendent avec tant de courage et de fermeté, soient respectés et traités d'une manière honorable. Vous vous êtes conduits en véritables héros; vous avez cloué votre pavillon au mât; vous avez préféré la mort à une honteuse défaite, je ne puis que vous admirer! c'est une action que je vois pour la première fois de ma vie! *Quel dommage que vous soyez Français!* »

«Votre dernière phrase m'offense, lui dis-je, et je ne suis nullement flatté de vos louanges; nous avons fait notre devoir; l'honneur seul a été notre guide, et sachez, capitaine, que je me glorifie de porter le nom de Français. — Votre fierté est hors de saison. — Vous avez outragé ma nation, et j'ai dû vous répondre; elle a le droit d'être fière, même dans le malheur. — Allons, ne parlons plus de tout cela, faisons la paix et soyons bons amis. Allez vous reposer, vous en avez besoin ; je vous ferai appeler pour dîner avec moi, à la manière Anglaise, c'est-à-dire, sans façon. »

Avant le combat, notre équipage se montait à cent-quatre-vingt-sept hommes, et il n'en restait plus que soixante-trois, qui furent répartis sur les trois frégates Anglaises : les autres avaient péri.

Le capitaine devint chaque jour plus civil à mon égard. Jusqu'alors il avait tenu secrète la route que nous prenions ; mais un jour qu'il avait bu du punch avec excès, je lui demandai où il comptait me conduire ? — Aux États-Unis, à Philadelphie, me répondit-il ; nous trouverons là des bâtimens tout prêts pour vous conduire en Angleterre, où vous demeurerez jusqu'à la paix. Je vous préviens que vous n'y serez pas bien, car vous savez que les Français ne sont pas aimés en Angleterre ; mais je vous donnerai une lettre de recommandation pour un de mes amis qui aura soin de vous. »

Tout en l'écoutant, je pensais que, déjà plusieurs fois, j'étais parvenu à tromper leur vigilance, et qu'il ne serait pas impossible que je m'échappasse encore de leurs mains.

Le quinzième jour de notre route, un fort coup de vent sépara de nous l'une des frégates ; mais, fort heureusement, nous ne perdîmes pas de vue celle où était le commandant de la division.

J'étais assez bien rétabli de mes contusions, et je sentais néanmoins que je ne jouissais pas de ma santé ordinaire. Jamais je n'avais été malade en mer, et le malaise que j'épouvais fut bientôt suivi d'une fièvre billieuse et nerveuse. Le capitaine Colson venait me voir à chaque instant, et il gronda beaucoup son chirurgien du peu de soin qu'il avait de moi. Il me visita un jour entr'autres où j'étais fort mal : « Mon chirurgien est un ignorant, me dit le capitaine, c'est un jeune homme sans talent et sans expérience ; je vais vous faire transporter à bord du Commandant, il a un excellent médecin ; lorsque nous avons une maladie un peu grave, c'est toujours par lui que nous nous faisons traiter. Consentez à ce qu'on vous y transporte, je vais m'approcher du Commandant, et faire mettre la chaloupe à la mer. » — Je suis beaucoup trop faible, lui répondis-je, pour m'embarquer ; je ne puis me tenir debout; laissez-moi à votre bord; mourir ici ou mourir ailleurs, c'est toujours mourir. »

« Vous êtes un enfant, me dit le capitaine avec un peu d'humeur, que diable parlez-vous de mourir ? je vous certifie que le docteur Humton vous tirera d'affaire. Nous voici près du Commandant, et si vous ne pouvez vous tenir, nous vous porterons dans la chaloupe. » J'avais de la peine à me décider ; mais je ne pus résister aux instances du capitaine Colson, persuadé que tout ce qu'il faisait lui était suggéré par le vif intérêt qu'il prenait à ma situation. On vint donc me prendre et m'embarquer. J'étais bien faible et bien malade ; mais, à peine étais-je dans la chaloupe, que son mouvement brusque et rapide me fit éprouver une révolution subite, qui me débarrassa l'estomac d'une manière miraculeuse : cette espèce de débordement dura jusqu'à notre arrivée sur la frégate du Commandant.

J'étais déjà bien soulagé, mais toujours d'une extrême faiblesse. Le docteur Humton vint à mon secours et, pour tout remède, me fit prendre du vin de Bordeaux, par cuillerées d'abord, par demi-verres ensuite, et d'heure en heure. Après quatre jours de ce traitement, je montai seul sur le pont, où le grand air ne contribua pas peu à mon prompt et parfait rétablissement.

CHAPITRE XIX.

Incendie en mer d'une frégate Anglaise. — Héroïque résignation des prisonniers Français. — Arrivée à Philadelphie.— Le capitaine Moërner. — Projet d'évasion.

D'après le calcul du capitaine Commandant, nous n'étions plus qu'à trois cents lieues des côtes des États-Unis. Tout-à-coup, vers les dix heures du soir, on aperçut, à une distance d'environ deux lieues, un incendie qui croissait d'une manière effrayante. On appela tout le monde sur le pont, et on ne douta plus que le feu n'eût pris à la frégate du capitaine Colson. Aussitôt le grand fanal fut hissé, pour indiquer un point de salut à ceux qui cherchaient à se sauver à la nage ou dans les chaloupes, et nous nous approchâmes autant qu'il était possible de le faire en pareille circonstance. Les chaloupes du Commandant furent mises à la mer pour sauver l'équipage de la frégate en feu. Ces malheureux remplissaient tellement les canots du capitaine Colson, qu'ils n'auraient pu, dans cet état, faire un quart de lieue en mer sans être submergés; mais, fort heureusement que, malgré l'obscurité, les chaloupes se rencontrèrent. On prit toutes les précautions possibles pour alléger les embarcations qui contenaient une grande partie de l'équipage de la frégate incendiée ; et ces précautions, quelque sages qu'elles fussent, n'empêchèrent pas douze hommes de périr dans les flots. Lorsque l'équipage fut à notre bord, on chercha, mais en vain, l'infortuné capitaine Colson. Plusieurs des incendiés déclarèrent que le capitaine, s'étant obstiné à ne quitter la frégate que le dernier, était tombé à la mer, en voulant sauter dans sa chaloupe, tandis qu'elle gagnait au large. Pendant qu'on nous faisait ce récit, le feu atteignit la sainte-Barbe de la frégate, qui fit une explosion épouvantable.

Notre capitaine, ne craignant plus rien du feu de la frégate, que son explosion venait de couler bas, fit promptement gouverner vers l'endroit de l'incendie, dans l'espérance de sauver encore quelques-uns de ceux qui s'étaient jetés à la nage. Par cette manœuvre, qui s'était opérée avec beaucoup de célérité, on sauva encore cinq hommes, parmi lesquels se trouvait le capitaine

Colson ; ce fut lui qu'on rencontra le premier : il nageait dans la direction de notre frégate.

Lorsque le jour parut, nous ne vîmes plus aucuns vestiges de cet incendie : tout était englouti.

Le capitaine Colson, homme extrêmement courageux, étant rétabli des fatigues et de l'émotion de ce triste événement, me disait, en me serrant la main : « Eh bien, capitaine, où en seriez-vous, si je ne vous avais presque forcé d'aller à bord du Commandant ? voilà cependant deux fois, en très-peu de tems, que je vous sauve la vie ; j'en suis vraiment tout glorieux, car je vous estime beaucoup ! J'aurais bien voulu sauver aussi les braves de votre nation qui étaient à mon bord ; mais c'était de toute impossibilité, mes chaloupes étaient déjà trop pleines. Lorsqu'ils ont vu que les embarcations étaient insuffisantes, ils se sont jetés à la mer, excepté deux de vos officiers, qui ont été se placer auprès de la sainte-Barbe pour sauter avec elle. J'admire le courage stoïque de ces deux militaires et de ceux qui se sont précipités dans la mer, ne sachant pas nager, à ce qu'ils m'ont dit. Mais, à propos de cela, capitaine, comment se fait-il donc que vos Français soient assez téméraires pour faire la guerre sur mer sans connaître l'art le plus essentiel, celui de la natation? vous voyez clairement que s'ils avaient eu ce talent, ils auraient pu se sauver comme moi. »

« Je dois vous avouer, lui répondis-je, que cet art est un peu négligé en France. Dans ces circonstances, surtout, on ne laisse guère aux jeunes gens le tems de se familiariser avec d'autres exercices que celui des armes. Tous ces prisonniers que vous aviez à votre bord ne sont pas des marins; les deux officiers, par exemple, dont vous venez de parler, avaient récemment passé de l'artillerie de terre à celle de marine : c'était leur premier voyage et leur premier début dans notre arme. »

« Quoi! serait-il possible, s'écria le capitaine, ce sont donc des hommes extraordinaires que les Français? car, en vérité, de vieux artilleurs de marine, de véritables loups de mer, n'auraient pas dirigé leur feu avec plus d'adresse et de vivacité. Chaque boulet qu'ils nous envoyaient, arrivait et faisait à mon bord un ravage diabolique. Maintenant, je ne doute plus qu'un de leurs boulets rouges n'ait communiqué le feu à ma frégate; je me souviens même, qu'au fort de l'action, on a bouché un trou de boulet à six pouces au-dessous du sabord, donnant dans la cale. C'était probablement un boulet rouge qui, ayant perdu de son ardeur, aura néanmoins communiqué lentement le feu à la cale, qui était encombrée de goudron et d'autres matières combustibles et, quelques jours après, le feu s'est manifesté d'une manière épouvantable. Lorsqu'on s'aperçut de la fumée qui s'échappait par la grande écoutille, on l'ouvrit, et la flamme sortit comme de l'intérieur d'un volcan. Il n'y avait malheureusement plus de remède ; la terreur et la consternation étaient à leur comble : chacun se voyait perdu sans ressource. »

« Le calme, avec lequel les prisonniers envisageaient cet évènement désastreux, me fit naître un moment l'idée qu'ils pouvaient bien en être les auteurs ; je me repentais déjà de ne les avoir pas mis tous aux fers. Cependant, comment auraient-ils pu exécuter leur projet ? ils couchaient dans l'entre-pont, ils ne pouvaient pénétrer dans la cale toujours fermée à clef, et ils étaient surveillés avec la plus grande exactitude. D'ailleurs, quel aurait été leur but ? ils ne pouvaient que sauter avec nous. Mais, non ! je leur rends justice ; ma frégate a sauté par suite d'un honorable combat ; je crois les voir encore ces malheux ! au milieu du danger, la résignation était peinte sur leur figure ; dans la consternation générale, ils conservaient toujours leur même sang-froid ; aucun d'eux n'a cherché à s'embarquer dans les chaloupes pour échapper à la mort. »

« Dans tout ce que vous venez de me dire, capitaine, lui répondis-je, je ne vois pas que la première condition, pour faire la guerre sur mer, soit de savoir nager; je conviens que c'est un talent fort utile pour se sauver, ou pour sauver son semblable; mais la véritable vertu, selon moi, c'est le courage, la fermeté, la résignation dans la mauvaise fortune, la modération, et la générosité dans la prospérité. »

Nous continuâmes notre route fort tristement; les Anglais regrettaient la perte de leur frégate, et moi celle de mes malheureux compagnons d'infortune.

Nous arrivâmes le huitième jour, après ce cruel événement, à Philadelphie. La frégate, qu'un coup de vent avait séparée de nous, comme je l'ai dit plus haut, était arrivée depuis trois jours sans aucun accident. Les prisonniers furent débarqués, et eurent, sur leur parole, la ville pour prison. Ce procédé était dû à ma sollicitation et à la confiance que j'avais su inspirer au capitaine Colson. Je débarquai avec ce dernier, et nous allâmes loger ensemble à l'hôtel de l'Écu de France.

Le capitaine, qui avait de nombreuses connaissances dans cette ville, ne venait que très rarement dîner à la table d'hôte : le jour même de notre arrivée il dîna en ville.

Nous étions au milieu du repas, lorsqu'un individu, dont la physionomie ne m'était pas inconnue, entra et se mit à table. Je portais sur lui mes regards à chaque instant ; de son côté, il m'examinait avec attention ; enfin il se leva et vint me dire à l'oreille : « Est-ce bien vous, capitaine ? » Comme j'étais rigoureusement surveillé, je lui fis comprendre, par un serrement de main, qu'il ne s'était point trompé, mais que ce n'était ni le moment ni le lieu de faire éclater sa joie. M. Moërner me comprit, et en sortant de table, il me fit signe de le suivre. En arrivant à l'appartement qu'il occupait dans cet hôtel, il s'empressa de me demander quel singulier hasard lui procurait le plaisir de me voir à Philadelphie. Je lui fis alors une narration succincte de tout ce qui m'était arrivé depuis notre séparation.

M. Moërner, Anglais de nation et capitaine de navire marchand, fut pris par un de nos corsaires sur les côtes de la Guyane, à la hauteur d'Iracoubo, et conduit à Sinnamary où je commandais à cette époque.

Le corsaire était commandé par M. Prachet, un de mes amis, homme franc, loyal et désintéressé. Il m'amena le capitaine Moërner, en me recommandant d'en avoir soin, ainsi que de son équipage, jusqu'au moment de son retour. Il partait sur-le-champ pour courir après un autre navire qu'il avait abandonné pour me conduire celui-ci ; il ne voulait remonter à Cayenne qu'avec les deux prises. M. Prachet partit en toute hâte : le capitaine Moërner versa des larmes amères sur la perte qu'il venait de faire. « Je suis père de famille, me disait-il, et me voilà totalement ruiné ; c'est la cinquième fois que je suis pris par des corsaires Français. »

Le capitaine Moërner était d'un caractère doux ; il avait des manières fort décentes et fort honnêtes, un maintien que je n'avais encore rencontré chez aucun Anglais. Ses malheurs m'inspirèrent le plus vif intérêt : je le priai d'accepter ma table et un logement chez moi. Je lui promis en outre de le dédommager de son malheur, autant qu'il serait en moi. J'ordonnai à mes nègres de le servir et d'avoir pour lui les mêmes attentions que pour moi-même.

Huit jours s'étaient déjà écoulés, et M. Prachet ne reparaissait pas. Cependant j'avais rendu compte au gouvernement de Cayenne de l'arrivée de cette prise et de la nouvelle course du capitaine Prachet. Pendant cet intervalle aussi, M. Moërner et moi nous nous liâmes d'une étroite amitié, et déjà nous redoutions le moment de notre séparation.

Je reçus l'ordre de faire débarquer la prise et emmagasiner les marchandises, de peur d'avaries.

Le capitaine Moërner m'ayant parlé de sa pacotille particulière, je la fis déposer dans un magasin séparé, avec plusieurs objets assez importans de la cargaison.

J'écrivis à un de mes amis à Cayenne d'acheter, pour mon compte, un bâtiment de deux cent cinquante tonneaux, et de me l'envoyer le plus tôt possible à Sinnamary. En même tems j'écrivis au gouverneur que j'avais une occasion de renvoyer les prisonniers Anglais, pour nous en débarrasser.

En moins d'un mois, le gouverneur m'autorisa à renvoyer les prisonniers, et mon ami m'envoya mon bâtiment. Jusqu'alors j'avais gardé le secret sur mes démarches et mes intentions en faveur de M. Moërner; ce ne fut que lorsque toutes mes mesures furent bien prises, que je priai le capitaine de me suivre. Je le conduisis à bord du bâtiment arrivé de Cayenne : « ce navire vous appartient, lui dis-je; maintenant profitez de la nuit pour faire embarquer les marchandises que j'ai fait mettre à part. Vous êtes libre, entièrement libre, et vous pourrez partir quand bon vous semblera. » M. Moërner ne revenait pas de sa surprise; il croyait rêver; enfin, quand il fut bien sûr du fait, il s'abandonna à la joie, et ne trouvait pas d'expressions pour me témoigner sa reconnaissance. Trois jours après il prit congé de moi et mit à la voile.

« Je me trouve bien heureux, me dit-il, d'être à même de vous prouver ma reconnaissance et mon attachement. Sachez donc qu'en vous quittant à Sinnamary, j'allai à Surinam, où j'échangeai très-avantageusement la petite pacotille que vous m'aviez laissée. Depuis ce tems, j'ai fait plusieurs voyages, et j'ai été constamment heureux : mes affaires sont si bien rétablies, qu'après mon retour de la Martinique, où je me dirige maintenant, je prendrai du repos. Je vous engage à vous embarquer avec moi, nous prendrons toutes les précautions nécessaires pour vous soustraire à la vigilance de vos ennemis. D'un moment à l'autre ils vous enverront en Angleterre, où vous serez traité avec beaucoup de rigueur. — Votre proposition vous est sans doute dictée par l'amitié; mais que ferai-je à la Martinique ? Ce pays est occupé par ceux de votre nation et, si c'est pour être prisonnier que vous me conduisez dans ces colonies où je sais avec quelle dureté on traite les soldats Français, j'aime encore mieux aller en Angleterre; j'aurai au moins l'espérance de devenir libre par mon échange. — Mais, mon cher Freytag, vous déraisonnez; me feriez-vous l'injure de croire que je vous regarde comme mon prisonnier? Désabusez-vous et sachez mieux juger un ami qui désire que vous ne soyez prisonnier nulle part. Vous m'avez interrompu, et voilà la cause de la fausse interprétation que vous avez donnée à mes paroles. Lorsque nous serons arrivés dans les parages de la Guadeloupe, j'approcherai le plus près possible de terre pour vous y débarquer; je dis le plus près possible, car vous n'ignorez pas que je m'exposerais à me faire prendre par les corsaires de ce fameux Victor Hugues qui gouverne cette île, et qui fait un si grand tort à notre commerce. Si vous consentez à ce que je vous propose, je vais hâter mes affaires ici pour partir promptement, et je ne doute pas que vous ne trouviez à la Guadeloupe des occasions pour retourner à Cayenne.

Ce projet me convenait parfaitement, et j'acceptai avec plaisir la proposition du capitaine Moërner.

CHAPITRE XX.

Voyage des Etats-Unis à la Guadeloupe. — Hospitalité généreuse d'un Colon.—La Créole.—Départ pour la Basse-terre.

Le lendemain, le capitaine Colson vint m'apprendre que tous les prisonniers Français qui se trouvaient en ce moment à Philadelphie devaient être embarqués sous trois jours pour être transportés en Angleterre. M. Moërner en était déjà instruit lorsque je lui en parlai. Il me dit qu'il n'y avait pas de tems à perdre, qu'il me conduirait cette nuit même à son bord, que pour éviter tous soupçons il m'habillerait en matelot, et m'inscrirait au rôle d'équipage.

Toutes les mesures furent si bien prises par Moërner, que je m'embarquai sans aucun obstacle.

Le bruit de mon évasion se répandit bientôt parmi les Anglais; on ne fit cependant pas beaucoup de recherches pour me retrouver. Une quinzaine d'autres prisonniers Français, apprenant qu'ils allaient être conduits sur les pontons en Angleterre, s'étaient également décidés à prendre la fuite, et je ne sais comment ils ont pu y parvenir.

J'appris par M. Moërner que le reste des prisonniers venait de partir pour la Grande-Bretagne ; il m'annonça également qu'au point du jour nous allions appareiller. J'avais déjà fait bien des voyages sur mer, mais je n'en ai jamais fait de plus commode ni de plus agréable. Le capitaine Moërner et tous ceux qui m'environnaient étaient aux petits soins avec moi ; je n'avais pas le loisir de désirer. Le tems fut toujours beau, et en vingt-quatre jours nous arrivâmes dans les parages de la Guadeloupe. Nous profitâmes de l'obscurité de la nuit pour approcher de terre, dans la crainte de rencontrer quelque corsaire. Après nous être fait nos adieux, M. Moërner ordonna à l'équipage de sa chaloupe de me débarquer sur la première terre qui se présenterait, et de venir aussitôt le rejoindre.

M. Moërner, au moment de me quitter, me présenta une bourse de quatre-vingts quadruples, en me priant d'accepter ce faible témoignage de son amitié. Je le remerciai en refusant ; mais il insista de la façon la plus franche et la plus délicate. « Ce n'est, me dit-il, qu'un très-léger service, en comparaison de celui que vous m'avez rendu à Sinnamary; d'ailleurs, que sait-on ? Des gens qui, comme nous, affrontent sans cesse les tempêtes, peuvent encore se rencontrer pour se rendre service réciproquement. Allez, mon cher ami, bonne chance, bonne santé et bon voyage. »

Je descendis dans la chaloupe avec ma bourse et un petit porte-manteau que j'avais eu le bonheur de soustraire aux Anglais.

En moins d'une heure et demie nous abordâmes la côte, on me déposa à terre et la chaloupe gagna promptement au large pour rejoindre le bâtiment.

J'étais sur le bord de la mer, dans un pays que je ne connaissais pas, et ne sachant de quel côté diriger ma marche.

Il était une heure du matin; le tems était magnifique. Je m'assis à terre et, tout en réfléchissant à ma nouvelle situation, je me couchai, la tête sur mon porte-manteau, et je m'endormis profondément.

L'ardeur du soleil me réveilla. Je me relève, je porte mes regards autour de moi, et je ne découvre ni chemin, ni habitation. Il fallait cependant s'arrêter à quelque chose. Je prends enfin mon porte-manteau, et je me mets en route au hasard. Je trouvai bien plusieurs sentiers, mais ils conduisaient dans le bois, et je ne voulais pas m'y enfoncer, dans la crainte de rencontrer quelques bêtes féroces ; mes craintes étaient d'autant plus fondées, que j'étais sans armes : je suivis le bord de la mer.

Après avoir marché pendant deux heures et demie environ, je vis un nègre qui venait de mon côté. Je doublai le pas pour l'atteindre ; le nègre, curieux, en fit autant de son côté. Lorsque je fus arrivé auprès de lui, je lui demandai s'il n'y avait pas quelque ville ou quelque habitation dans les environs. Il me répondit que la ville (Basse-Terre) était distante encore de quatre lieues, qu'il venait d'y porter un papier *babille* (une lettre), et qu'il retournait à l'habitation en porter la réponse à son maître. — « L'habitation de ton maître est-elle encore loin d'ici ? — Non, maître, il n'y a qu'une petite lieue. Je vois bien (me disait-il en créole, que j'entendais fort bien et parlais de même), je vois bien que vous êtes un blanc égaré ; si vous voulez venir avec moi, je vous conduirai à l'habitation de mon maître : c'est un bon blanc, il ne vous fera pas de mal. »

« Eh bien! lui dis-je, en mettant mon portemanteau sur ses épaules, conduis-moi chez ton maître. » Je suivis ce bon nègre et, dans une heure, nous arrivâmes à l'habitation.

Le propriétaire, M. D***, nous avait observés de loin; il vint au-devant de moi, et me reçut avec la plus franche cordialité.

Il me conduisit dans sa maison : « Qui que vous soyez, me dit-il, vous êtes le bien venu! acceptez quelques rafraîchissemens; et, avant de nous entretenir de vos affaires, je vous engage à prendre un bain. En attendant, je vais faire une tournée, après quoi je reviendrai vous rejoindre (17).

Lorsque je fus entièrement remis de la fatigue de la route, M. D*** vint me trouver. Je lui fis un récit exact de mes aventures; il l'écouta avec la plus grande attention. Son épouse, jeune et aimable créole, en fut touchée jusqu'aux larmes, et je dois avouer que je ne fus point fâché d'avoir fait naître ce sentiment de pitié dans l'âme de ma belle hôtesse.

M. D*** était un homme de soixante-dix ans, et d'une santé délâbrée; il avait un caractère extrêmement paisible et confiant. Sa jeune femme annonçait beaucoup de vivacité, mais son regard était doux et compâtissant; elle aimait à s'entretenir avec moi de mes courses, de mes voyages. J'aimais et savais apprécier la société de M. D*** ;

celle de sa femme ne m'était pas indifférente, surtout lorsque je m'apercevais qu'elle-même recherchait la mienne avec empressement, en y mettant un peu de mystère.

Huit jours s'écoulèrent ainsi. Enfin, je pensai qu'un plus long séjour serait de ma part un abus condamnable ; et d'ailleurs, sous tous les rapports, je ne pouvais le prolonger davantage, *sans devenir ingrat......*

Le neuvième jour, à déjeûner, je témoignai à M. D*** toute ma reconnaissance : je lui fis entendre que je compromettrais mon état en demeurant plus long-tems et que, d'ailleurs, il était indispensable de faire connaître au gouverneur mon arrivée dans l'île.

M. D*** ne voulait point entendre raison ; il prétendait exiger que je restasse, pour toujours, avec lui ; que je devais renoncer à l'état militaire ; qu'il se chargeait de ma fortune, et qu'il prendrait, avec le gouverneur, tous les arrangemens nécessaires pour sa sûreté et la mienne. Mme D***, de son côté, me conseilla modestement de suivre les conseils de son mari. Je résistai à toutes ses offres, et je prétextai des intérêts puissans, qui exigeaient impérieusement mon retour à Cayenne.

On consentit enfin à mon départ, mais sous

la condition expresse que je reviendrais le plus tôt possible.

Le soir, nous fîmes une promenade au clair de la lune. Je donnais le bras à l'aimable créole; elle ne me parlait que de ses regrets de me voir partir, et exigea de moi le serment solennel de revenir. « Mon mari, vieux et infirme, ajouta-t-elle, n'a plus que très-peu de tems à vivre. Lorsqu'il aura cessé d'être, ce que je suis loin de désirer, (car c'est bien le meilleur des hommes), lorsqu'il aura cessé d'être, dis-je, alors mon immense fortune, ma jeunesse, peut-être un peu de beauté (à ce mot, elle rougit fortement), me donneront le droit de prétendre aux meilleurs partis de la Guadeloupe ; mais je prends ici, devant vous, l'engagement de n'avoir d'autre époux que vous. »

Une déclaration aussi formelle, faite par une jeune et jolie femme à un jeune homme qui, pour toute fortune, n'avait que son épée, était sans doute bien séduisante; mais M. D*** n'avait encore nulle envie de mourir; et, en mon âme et conscience, je trouvais les projets de son épouse un peu trop prématurés, je crus même y voir de l'inconséquence....

La chaleur avec laquelle elle me débita ce discours, me paraissait tenir de la passion plus que de tout autre sentiment. Je l'engageai à revenir à des sentimens plus conformes à sa situation présente ; à se rappeler ses devoirs à l'égard de son mari, qui avait pour elle les complaisances et les soins les plus assidus ; je lui fis observer enfin qu'elle lui devait sa fortune, etc. Je m'aperçus que l'éducation de cette jeune femme avait été bien négligée, sous le rapport des principes de la morale ; c'est pourquoi je lui citai des exemples terribles de la légèreté des femmes, je lui démontrai les suites funestes d'une conduite passionnée....

« Jamais personne, me répondit-elle, ne m'a si bien instruite que vous, pas même mon mari. Je vous sais bon gré de vos conseils, je vous en estime encore davantage, et je vous jure un attachement inviolable ; mais, puisque vous ne pouvez rester avec nous plus long-tems, allez, partez, et revenez, au plus vite, me nourrir de vos salutaires avis. Si vous pouviez savoir avec quel plaisir je vous reverrai !.. »

Notre promenade s'était prolongée un peu trop avant dans la nuit ; il était plus que tems de retourner à l'habitation, pour ne pas donner d'inquiétude à M. D*** ; mais il s'était couché de bonne heure et dormait paisiblement. Lorsque nous fûmes rentrés, Mme D*** se plaignit de la fatigue et de la chaleur ; je lui demandai la permission de me retirer, car j'avais aussi un grand besoin de repos.

Mon départ était fixé pour le lendemain. M. D*** vint dans ma chambre de très-bonne heure, et me dit : « Puisque vous voulez absolument partir aujourd'hui, je vous conseille de profiter de la fraîcheur du matin. Je vous ai fait préparer un cheval et des provisions; et le même nègre qui vous a amené ici, vous conduira à la ville près du gouverneur. Si, comme je n'en doute pas, vous devez faire quelque séjour dans ce pays, donnez-moi votre parole d'honneur de venir nous voir. Je suis également l'interprête de ma femme, qui désire votre retour pour le moins autant que moi. »

Je le remerciai de nouveau de son obligeance, et je pris congé de lui, en le priant de témoigner à Mme D*** mon vif regret d'être obligé de partir sans pouvoir lui présenter mes humbles devoirs. M. D*** m'embrassa, en me promettant de faire ma commission.

CHAPITRE XXI.

L'espion supposé. — Entrevue avec V. H. Gouverneur de la colonie. — Mise en surveillance. — Le capitaine Lesage. — Eclaircissemens qui amènent un résultat satisfaisant.

Vers le midi, nous arrivâmes, mon nègre et moi, à la résidence du gouverneur. Je fus arrêté par le factionnaire, qui appela son caporal pour me reconnaître : mon uniforme lui paraissait étranger. Le caporal me conduisit à l'officier du poste; celui-ci m'interrogea avec le plus grand soin : il ne se contenta pas de tout ce que je pus lui dire, et me demanda mes papiers. Je n'en avais point; il n'en fallut pas davantage pour lui prouver que j'étais un espion; il jura beaucoup, et dit qu'il me traiterait comme tel. Je ne répondis rien à ses injures; je me contentai de le prier de me conduire à une autorité moins malhonnête que lui.

« Le commandant de la place sera ici dans un instant, me répondit-il, et il vous conduira dans un endroit où j'aurais dû vous mettre ; mais le voilà, il va me débarrasser de vous. »

M. le commandant s'approcha de moi, et me demanda, fort poliment, qui j'étais. — « C'est un espion, s'écria l'officier. — Retirez-vous, citoyen, ce n'est point à vous que je parle. — Monsieur, qui êtes-vous? — Monsieur, je suis capitaine au bataillon d'Alsace. — Vos papiers? — Je n'en ai pas, ils sont restés à bord de la frégate Anglaise où j'étais prisonnier de guerre. — C'est très-fâcheux pour vous, car nous avons ici les ordres les plus sévères de ne pas nous en rapporter à des déclarations vagues, et votre accent étranger contribue, malheureusement, à vous rendre suspect. Veuillez me suivre chez le gouverneur ; mais, surtout, ne vous coupez pas dans vos réponses, vous seriez perdu, car il est la terreur des Anglais. — Je suis Français, Monsieur, et je n'ai rien à craindre de votre gouverneur. — C'est à lui qu'il faut le prouver ; je désire que vous réussissiez. »

Nous arrivâmes bientôt chez le gouverneur. Le commandant entra chez lui, me laissa dans l'anti-chambre et, après une bonne demi-heure, je ne revis plus le commandant ; mais un autre officier, qui paraissait être un aide-de-camp, me fit signe de le suivre, sans me dire un seul mot. Nous traversâmes plusieurs appartemens ; enfin il ouvrit une porte, en me disant d'entrer, se retira, et referma la porte.

Ce fut M. V*** H*** qui me reçut dans un salon, tapissé de velours couleur de sang, et garni de meubles noirs. Croyant m'effrayer, il me dit, d'une voix forte, sans me laisser le temps de répondre :

« Qu'es-tu ? d'où viens-tu ? où vas-tu ? — Monsieur, lui répondis-je d'un ton rassuré, mais calme, je.... — Qu'est-ce que c'est que *Monsieur* ? interrompit-il brusquement ; tu me f.... plutôt cinquante soufflets que de me qualifier de ce titre-là. Tu m'as l'air d'un de ces porteurs d'épaulettes, d'intelligence avec les Anglais ; *sors d'ici, va-t-en;* je saurai prendre des renseignemens sur ton compte. »

La brutalité de cet original ne m'avait point du tout déconcerté ; je ne lui répondis que par un regard du plus profond mépris, et sortis brusquement. L'aide-de-camp, qui m'avait servi d'introducteur, me dit qu'il était chargé de la part du citoyen gouverneur, de me conduire dans une auberge, où je serais traité à ses frais, jusqu'à nouvel ordre.

« Allez dire à votre gouverneur, lui répondis-je, que je suis officier Français, que je n'ai nul besoin d'être traité à ses frais ; et que, quand il voudra m'interroger d'une manière plus digne de moi, il lui sera facile d'apprendre qui je suis, d'où je viens et où je vais. »

Je continuai ma route avec mon nègre qui me conduisit à l'auberge que M. D*** lui avait indiquée. Lorsque j'y fus installé, je récompensai et congédiai mon conducteur et lui remis une lettre pour son maître, dans laquelle je lui rendais compte de tout ce qui venait de m'arriver.

Il était déjà tard, j'avais besoin de repos, je me mis au lit ; mais les réflexions auxquelles je me livrai, m'empêchèrent de dormir. Il me vint à l'idée que M. Lesage, capitaine du Génie, pouvait être de retour à la Guadeloupe. M. Lesage avait été précédemment envoyé par V*** H*** en mission à Cayenne ; je fis alors sa connaissance, il accepta même un logement chez moi et nous ne nous quittâmes qu'à mon départ pour la France. Le lendemain je pris des informations et j'appris qu'il était de retour depuis deux mois ; je lui écrivis aussitôt un billet pour le prier de venir me voir ; surpris de me savoir à la Guadeloupe, il partit de suite de son habitation avec le nègre domestique qui lui avait porté mon billet. « Quoi ! s'écria-t-il, en me voyant, te voilà à la Guadeloupe ? » Nous nous embrassâmes et nous entrâmes alors en explication ; je lui racontai tout ce qui m'était arrivé depuis notre séparation à Cayenne jusqu'à mon arrivée à la Guadeloupe ; je n'oubliai pas de lui parler de l'agréable réception de son gouverneur.

« Avant toutes choses, je ne souffrirai pas, mon cher ami, que tu restes dans une auberge ; viens de suite à mon habitation, je veux que tu considères ma maison comme la tienne. J'ai souvent parlé de toi à ma femme, de notre liaison à Cayenne, et elle sera fort aise de te voir. » Je voulus payer à l'aubergiste ce que je lui devais. « Il m'est défendu, monsieur, de recevoir votre argent, et comme je vois que vous vous disposez à partir, je dois vous dire qu'on m'a recommandé de ne pas vous perdre de vue. »

Lesage voyant mon embarras : « Il ne faut pas que cela te surprenne, me dit-il, ce pays-ci est continuellement encombré d'Anglais et d'espions et, pour s'en garantir, V*** H*** est obligé d'avoir recours à des mesures sévères ; mais tranquillises-toi, je vais aller le voir à l'instant même. »

En arrivant chez le gouverneur, quel fut mon étonnement d'y rencontrer M. et Mme D*** que Lesage me présenta comme son beau-frère et sa belle-sœur, et qui, eux-mêmes, furent fort surpris de cette rencontre inattendue ? M. Lesage et M. D*** avaient épousé les deux sœurs. On entra en explication en attendant que le gouverneur fût visible.

M. D*** lui raconta qu'il avait donné l'hospitalité à l'officier qu'on disait être un espion Anglais. « Je l'ai fait conduire à la ville par un de mes nègres, ajouta-t-il ; ce militaire a eu l'imprudence de m'écrire par le retour du nègre qui a été arrêté en sortant de la ville, on l'a fouillé et on a trouvé sur lui cette lettre à mon adresse ; on lui a demandé de qui il la tenait, il a répondu que c'était de la part de l'étranger qu'il avait conduit à la ville. Ce pauvre nègre a été mis en prison et la lettre remise au gouverneur qui a donné ordre de m'envoyer chercher sur le champ. Ma femme, effrayée de me voir compromis dans une mauvaise affaire, a voulu absolument me suivre, elle ne cesse de crier vengeance contre cet officier, et je vous avoue que je suis dans la plus mortelle inquiétude. Cette malheureuse lettre va peut-être nous faire croire ses complices. »

M. Lesage se mit à rire aux éclats : « Soyez tranquilles, leur dit-il, l'hospitalité que vous avez accordée à cet officier ne peut qu'ajouter à l'estime que vous portent tous ceux qui vous connaissent. Moi, pour mon compte, je vous suis reconnaissant de tout ce que vous avez fait pour lui comme si c'eut été pour moi-même. Cet officier est mon intime ami, et je viens pour le faire connaître, et le justifier de ce dont on l'accuse si injustement. »

Mme D*** ne se contenait plus de joie; elle remercia et embrassa son beau-frère bien tendrement: elle était enchantée de me savoir innocent, et de me voir sorti d'un aussi mauvais pas.

On les introduisit enfin chez le gouverneur. Celui-ci s'adressa d'abord à Lesage, en lui disant que, pour le moment, il ne pouvait le recevoir; qu'il avait à interroger ces citoyens, et qu'il n'avait qu'à revenir plus tard.

« Citoyen, reprit Lesage (c'était le langage qu'il fallait alors tenir à la Guadeloupe), je suis venu chez toi pour cette même cause; c'est pour justifier mes parens de ce dont ils sont mal-à-propos accusés. — Quoi! ce sont-là tes parens? — Oui, citoyen, et cet officier dont tu les crois complices, est un officier Français, mon ami intime. — Ton ami intime? Un aventurier, qui débarque ici sans aucuns papiers, ne peut être qu'un espion Anglais. — Citoyen, si tu veux un instant me laisser parler, tu seras bientôt désabusé sur son compte; je te répète que ce capitaine est mon ami ; je l'ai connu à Cayenne, où il jouit de l'estime publique qu'il s'est justement acquise par ses services ; c'est un homme d'honneur, et je te réponds de lui, en attendant que tu veuilles l'entendre lui-même. Je te prie de ne pas inquiéter davantage mon beau-frère et ma belle-sœur, et de me permettre de les amener chez moi, ainsi que cet officier sur lequel maintenant tu ne dois plus avoir de soupçons. Il ne t'en aurait point inspiré du tout, si tu ne l'eusses reçu d'une manière qui lui a paru inconvenante, et à laquelle il n'est point habitué. »

« Hé bien ! reprit le gouverneur, puisqu'il en est ainsi, vous viendrez tous dîner avec moi, sans oublier cet officier que nous ferons jaser. Je vais donner des ordres pour faire sortir le nègre de prison, et lever la consigne que j'avais donnée à l'égard de l'officier. » J'attendais, avec impatience, l'arrivée de M. Lesage, pour connaître l'effet de sa démarche auprès du gouverneur ; je me promenais en long et en large, et ne pouvais faire un seul pas qui ne fût observé par le maître de l'auberge, qui disait à tout venant : « Il est bien désagréable d'être obligé de garder un espion chez soi ; on aurait mille fois mieux fait de lui laver la tête avec du plomb aussitôt qu'on l'a pris, et sans autre forme de procès. » Je me voyais entouré par une foule de curieux, qui disaient : « C'est un coquin, c'est un scélérat, il faut lui faire passer le goût du pain. » et mille autres propos tous plus aimables les uns que les autres. J'eus une peine infinie à percer la foule pour rentrer dans ma chambre. Fort heureusement que cette scène, qui commençait à devenir inquiétante, ne fut pas de longue durée.

Un officier d'état-major vint m'annoncer que j'étais entièrement libre. Au même instant, je vis arriver M. Lesage avec M. et Mme D***. La présence de ces derniers me frappa de surprise : je ne savais à quoi en attribuer la cause. En m'approchant, tous parlaient à la fois. Ce premier moment d'empressement calmé, Mme D*** obtint la parole, qu'elle avait demandée avec instance, pour m'apprendre tout ce qui venait de se passer. Après cela, tous convinrent de m'emmener dîner chez le gouverneur ; mais je leur fis observer que j'étais encore trop irrité de la réception outrageante qu'il m'avait faite, pour m'asseoir à sa table ; que d'ailleurs j'avais besoin de prendre du repos.

Lesage, pour ne point me contrarier, se rendit chez le gouverneur, pour m'excuser auprès de lui ; mais il ne put se dispenser d'accepter pour son propre compte : il vint nous en avertir, et nous assura qu'il viendrait nous rejoindre chez lui, le soir.

Je payai mon hôte, en le remerciant beaucoup des gentillesses qu'il n'avait cessé de débiter sur mon compte ; et je lui prouvai qu'il n'était nullement de son intérêt de juger aussi défavorablement les gens qui venaient s'arrêter chez lui malgré eux.

CHAPITRE XXII.

L'habitation de M. Lesage. — Seconde visite au Gouverneur. — Prise du capitaine Moërner. — Générosité singulière. — Particularités sur V. H.

Je partis avec M. et Mme D*** pour l'habitation de M. Lesage, où nous trouvâmes son aimable femme entourée de sa petite famille. Mme D*** me présenta à sa sœur, et lui raconta, en peu de mots, la cause de notre apparition inattendue.

Mme Lesage, quoique l'aînée, était encore jeune et jolie, et n'avait point l'étourderie de sa sœur : elle nous reçut avec beaucoup d'affabilité. On nous servit un excellent dîner, et M. Lesage ne rentra que lorsque nous fûmes tous couchés.

Le lendemain, à déjeûner, il s'éleva une grande contestation. Mme D*** prétendait me ramener à son habitation, et M. D*** était fortement de son avis. M. et Mme Lesage voulaient avoir la préférence. Mme D*** se fâcha et pleura de dépit. C'était à moi de terminer les débats. Je représentai alors à Mme D*** qu'il n'était pas convenable que je m'éloignasse de M. Lesage, qui avait bien voulu devenir ma caution auprès du gouverneur; que je resterais quelque tems à la Guadeloupe, et que je me partagerais entre les deux familles. Cet avis fut adopté unanimement, à l'exception de Mme D*** qui, n'osant manifester ouvertement une opinion contraire, m'adressait avec les yeux, des reproches très-significatifs.

Après le déjeûner, M. et Mme D*** retournèrent à leur habitation et, en prenant congé d'eux, me firent répéter la promesse de les aller voir.

Le quatrième jour, un aide-de-camp vint m'apporter un billet de M. le gouverneur, dans lequel il m'invitait à passer chez lui, sur les quatre heures du soir, pour me communiquer quelque chose de particulier : M. Lesage fut invité à me présenter.

Le citoyen gouverneur se promenait dans son jardin au moment où nous arrivâmes.

« Ah! ah! s'écria-t-il, en nous voyant, j'espère qu'aujourd'hui vous ne serez pas malade et que nous dînerons ensemble. » Au même instant, la cloche annonçait le dîner. Le citoyen gouverneur fut très-gai et très-aimable à sa manière. Au dessert, il m'invita fort poliment à faire aux convives, ainsi qu'à lui, le récit de mes voyages. Je les satisfis de mon mieux et, lorsque j'eus terminé, le gouverneur s'écria : « Je suis enchanté d'avoir fait votre connaissance, je vous accorde toute mon estime, avec d'autant plus de plaisir, que vous avez *brûlé deux fois la politesse* aux Anglais; je sais que le citoyen Lesage a été parfaitement accueilli par le gouverneur de Cayenne, je veux user de représailles avec vous. Vous accepterez un logement et la table chez moi, jusqu'à l'instant de votre départ, qui ne sera jamais aussi reculé que je le désirerais. A la fin du mois, je vais expédier à Cayenne une corvette pour y charger le bois de construction, dont Lesage était chargé de faire l'acquisition; vous profiterez de la circonstance pour vous rendre à votre destination. » Je remerciai beaucoup le citoyen gouverneur de ses offres obligeantes et le priai de permettre que je n'acceptasse que la dernière, attendu que j'étais déjà installé chez mon ami Lesage, et lui demandai l'autorisation d'y rester, en lui promettant toutefois de venir le voir souvent, si cela se pouvait sans devenir importun. — « Je n'ai rien à vous refuser, Capitaine, faites-en à votre volonté; mais je pense à votre Anglais qui vous a débarqué ici; c'est un brave et honnête homme, sans doute, quoiqu'Anglais; mais savez-vous qu'il s'est bien aventuré, en s'approchant autant de ces parages? J'ai quarante-cinq corsaires en course, et ce serait bien un miracle, s'il parvenait à leur échapper; je le désire vivement pour lui. Sa conduite à votre égard est admirable. Je déteste sa nation, mais j'aime les gens honnêtes et reconnaissans, quel que soit leur pays. »

Lorsqu'on fut levé de table, on fit un tour de jardin; pendant que nous prenions le frais, on vint annoncer au citoyen gouverneur qu'on signalait une prise et qu'elle était amenée par l'Hirondelle, un des corsaires de la Guadeloupe.

A cette nouvelle, je tremblai que ce ne fût le capitaine Moërner. Le gouverneur s'aperçut de mon trouble, en devina le motif et me dit: « Eh! parbleu! si c'était votre Anglais, vous n'auriez pas besoin d'intercéder pour lui; je vous ai dit que je l'estime, quoiqu'Anglais, parce qu'il vous a rendu un fort grand service et, si c'est lui qu'on m'amène, ne soyez point inquiet, vous verrez que je sais reconnaître une bonne action. »

« Oui, me disais-je, peut-être ne le traitera-t-il pas avec autant de rigueur que les autres Anglais ; mais sa cargaison sera toujours perdue pour lui. C'était, disait-il, son dernier voyage, après quoi il allait vivre heureux et tranquille au sein de sa famille. J'ai rendu compte de toutes ces particularités au gouverneur, s'en souviendra-t-il et sera-t-il assez généreux pour lui laisser au moins une partie de son bien ? »

Il était tard : et la prise ne vint mouiller dans le port que vers les onze heures du soir. Nous prîmes congé du citoyen gouverneur et nous partîmes, Lesage et moi, pour son habitation, qui n'était qu'à une lieue et demie de la ville.

Je ne pus fermer l'œil de la nuit ; je ne pouvais m'ôter de l'idée que ce ne fût pas M. Moërner qu'on venait d'amener prisonnier. J'étais même déjà dans la plus vive inquiétude sur son sort. Je me levai au point du jour, et réveillai Lesage pour le prier de me conduire au port. Il se leva de fort bonne grâce et nous partîmes.

En nous acheminant vers le port, nous rencontrâmes le capitaine Moërner que les officiers du corsaire conduisaient chez le gouverneur. Je voulus aussitôt me jeter dans les bras de mon ami, mais ces hommes impitoyables s'y opposèrent et me traitèrent moi-même comme un ennemi. Lesage, qui voulait leur parler en notre faveur, en fut traité avec tout autant de rigueur que moi. Nous suivîmes le cortége jusque chez le gouverneur. Il fit à M. Moërner un accueil fort brusque d'abord, parce qu'il était Anglais, mais ensuite il lui dit : « Maintenant que je vous ai parlé comme je le devais, en ennemi, je vais vous parler le langage d'homme à homme. » Son accent provençal rendait son discours encore plus original.

« Je vous apprécie sans vous connaître, lui dit-il, je vous estime, non comme Anglais, mais comme homme. Vous avez fait une action de générosité peu commune dans votre nation ; vous avez délivré de l'esclavage des vôtres, un brave officier pour le déposer sur une terre libre et, pour cela, vous vous êtes détourné de votre route. C'est ce qui vous a fait tomber en mon pouvoir. Cet officier, votre ami, n'est pas éloigné d'ici, je vais le faire appeler, et c'est à lui que vous devrez tout ce qu'on fera pour vous ; car, malgré l'estime que vous m'avez inspirée, je ne veux pas avoir à me reprocher d'avoir sauvé un Anglais quel qu'il soit. »

M. Moërner, surpris d'un langage si singulier, voulut remercier le gouverneur ; mais ce dernier ne lui en laissa pas le tems et l'interrompit, en lui disant : « Point de mots, je vous prie, je ne les aime pas, je vous ai dit que vous ne me deviez rien, et je vous ai fait connaître celui que vous devez remercier de votre liberté. Mais j'exige votre parole d'honneur que vous n'entreprendrez rien ici qui soit contre mon gouvernement, et que vous ne communiquerez point avec les autres prisonniers Anglais ; si vous y manquez, vous vous perdez vous et votre ami à qui je vais vous confier, jusqu'à ce qu'il se présente une occasion d'être utile à tous deux. »

M. Moërner voulut le rassurer sur la conduite qu'il tiendrait à son égard, il l'interrompit de nouveau : « Point de phrases, vous ai-je déjà dit, je sais d'avance tout ce que vous voulez me dire. — Mais encore faut-il bien que je parle pour vous donner la parole que... — Eh bien, dites seulement je le jure.—Je le jure. » V*** H*** sonna et ordonna à un de ses officiers d'aller me chercher. Nous étions, M. Lesage et moi, dans une pièce voisine où nous attendions avec la plus vive impatience la fin de cette entrevue.

Lorsqu'on vint me dire que j'étais attendu chez le gouverneur, celui-ci fut surpris de me voir arriver si promptement. Je ne lui cachai point que, dans la crainte que ce ne fût mon ami qu'on amenait prisonnier avec son bâtiment, j'étais allé au port pour m'assurer du fait, et que nous l'avions suivi, Lesage et moi, jusques chez lui. — « Vous lui avez donc déjà parlé? — Non, citoyen, on nous en a empêchés, et même d'une manière un peu brusque. — On a bien fait; qu'on me fasse aussi venir Lesage. » A peine celui-ci fut-il entré dans le salon, que le gouverneur s'écria : « Lesage, voilà un brave et honnête homme ; emmenez-le avec vous ; je ne veux pas qu'il lui arrive la moindre chose de désagréable ; vous m'en répondrez. Je verrai ce qui me restera à faire pour lui, pourvu, toutefois, qu'il n'ait pas à son bord *des pots de nuit à portraits* (*).

Fort heureusement pour M. Moërner qu'il n'avait point à son bord de cette marchandise. Nous prîmes tous congé du gouverneur, et nous nous dirigeâmes vers l'habitation de Lesage.

Mme Lesage me remit, à notre arrivée, une

(*) V*** H*** avait les Anglais en horreur, mais sa haine contr'eux s'était encore augmentée, depuis que ces derniers vendaient dans toutes les colonies des pots de nuit avec son portrait très-ressemblant dans le fond. On assure même que cet agent du gouvernement était représenté attaché à une potence, et que, pour que personne ne s'y méprît, son nom était écrit au-dessous en toutes lettres.

Note de l'Auteur.

lettre de son beau-frère M. D***, dans laquelle il se plaignait beaucoup de ce que je n'allais pas le voir; il ajoutait que, sans l'indisposition de sa femme, il serait venu lui-même me chercher.

Je répondis de suite au bon M. D***; je lui appris tout ce qui s'était passé depuis son départ; je lui témoignai le déplaisir que me causait l'indisposition de sa femme, et lui promis d'aller incessamment le voir.

M. D*** écrivit le lendemain à son beau-frère Lesage, pour l'engager à venir avec moi le voir, sans oublier le capitaine Anglais. Il lui apprenait également que l'indisposition de sa femme n'avait rien d'alarmant, ce n'était autre chose que des maux de cœur qui lui ôtaient l'appétit; qu'elle allait beaucoup mieux et qu'elle avait repris sa gaîté habituelle.

Avant de nous rendre à l'habitation de M. D***, nous jugeâmes convenable d'aller faire une visite au citoyen gouverneur et de lui demander son agrément pour ce petit voyage. Il nous reçut d'abord assez poliment; mais, lorsque nous parlâmes de permission, il s'adressa à Lesage. « Et depuis quand, lui dit-il, viens-tu me demander la permission d'aller où bon te semble? Tu veux donc me faire passer pour un tyran? N'es-tu pas entièrement libre? Ces deux citoyens que je t'ai confiés, ne le sont-ils pas également ? Tu sais que je ne prends jamais de demi-mesures. Allez et faites ce que vous voudrez. Quand j'aurai quelque chose qui vous regardera, je saurai bien vous trouver. En attendant, bon jour, mes amis, portez-vous bien. » Il nous tendit la main et nous le quittâmes.

En nous en allant, je dis à Lesage : Tu conviendras avec moi que ton gouverneur est un être bien singulier, où donc a-t-il été élevé? — Tu vois bien que c'est un Provençal sans éducation. Il n'a jamais rien voulu perdre de la rusticité du langage et du caractère des gens de son pays. Il a infiniment d'esprit naturel et, si on eut cultivé les heureuses dispositions qu'il a reçues de la nature, V*** H*** fût devenu un grand homme d'état, ou un guerrier célèbre. Il joint à cet esprit une énergie peu commune. Il agit toujours avec sang-froid, mais le défaut d'éducation le rend quelquefois cruel. Il a un tact extraordinaire pour juger les hommes à la première vue, il est bien rare que ses jugemens soient erronés ; il n'aime pas les gens verbeux ni beaux parleurs ; mais il veut qu'on prenne avec lui un langage franc et laconique. Lorsque quelqu'un lui convient sous ce rapport, il n'y a pas de chose au monde qu'il ne fasse pour lui. Il a en horreur les espions et les traîtres, aussi ne leur fait-il aucun quartier; bref, c'est un homme qui n'a peut-être pas son pareil. Il est la terreur des Anglais, et cette colonie est entièrement affranchie de leurs fréquentes invasions. A son arrivée dans ce pays-ci, la guillotine l'a débarrassé de ceux qui lui portaient ombrage; à présent même, il faut toujours aller son chemin bien droit pour ne pas devenir sa victime. [18]

Les détails que me donnait mon ami sur le caractère et la conduite de V*** H*** ne me surprirent pas du tout; j'avais appris à Rochefort toutes les horreurs dont il s'était rendu coupable, en 1793.

Lorsque nous fûmes arrivés, nous décidâmes que nous irions tous, le lendemain, à l'habitation de M. D***, à l'exception de Mme Lesage que les soins de sa petite famille retenaient chez elle.

NOTES DE L'ÉDITEUR.

(1) *Page* 13. — L'Enfant perdu est un îlet, ou plutôt un écueil qui s'élève au milieu de la mer, vis-à-vis Cayenne, et à environ trois lieues de la côte. A peu de distance est un autre rocher, nommé le Connétable, que tous les navires, qui passent auprès, sont dans l'usage de saluer d'un coup de canon. La détonnation fait élever subitement une quantité innombrable d'oiseaux de mer qui déposent leurs œufs et construisent leurs nids dans les cavités de cette petite île. C'est un spectacle fort curieux et une récréation pour les navigateurs qui, ordinairement, depuis leur départ du continent, n'ont vu que le ciel et la mer.

Dans ce petit archipel se trouve aussi l'îlet, nommé *le malingre*. C'est là que l'on exile, pour le reste de leurs jours, les infortunés atteints d'un mal affreux, nommé dans le pays *le mal rouge;* c'est une espèce de lèpre incurable qui décompose le sang et les humeurs, et conduit lentement au tombeau celui qui en est atteint. Cette maladie se communique par la cohabitation et attaque plus particulièrement les nègres et les sang-mêlés. Ces infortunés sont condamnés à mourir sur ce rocher. Ils ont des cases et quelques plantations de bananiers et de manioc.

Vers 1803, on y conduisit les officiers de l'état-major

de Toussaint Louverture, arrêtés à Saint-Domingue. Ils furent placés, nuds et enchaînés, sur le plancher de l'étage supérieur d'une petite case, dont un poste militaire occupait le rez-de-chaussée ; on y montait au moyen d'une échelle pour leur distribuer la ration journalière, consistant en une livre de pain de munition et un hareng salé. Convaincus qu'ils devaient mourir dans cette horrible situation, ils ne cessaient d'invoquer la justice divine et humaine, de réclamer des juges et même des bourreaux. Ils s'adressaient aux officiers et aux soldats, en leur rappelant qu'eux aussi avaient combattu pour la liberté. Parmi ces prisonniers nègres et mulâtres se trouvaient des hommes qui avaient reçu une éducation assez distinguée. Les ordres à leur égard étaient d'une telle sévérité, qu'un commandant du poste qui avait permis l'échange de la modique ration de pain contre une quantité plus forte de cassave (pain de manioc à l'usage des nègres), fut rappelé et puni d'un emprisonnement. Après quelques mois de cette terrible captivité, ils furent embarqués pour être conduits en France, dans les prisons d'état. L'un d'eux, en passant de l'embarcation dans le vaisseau, se jeta volontairement à la mer et se noya.

(2) *Page* 16. — La nostalgie, ou maladie du pays, est aussi fréquente que dangereuse pour les Européens transportés dans les climats inter-tropicaux. Ce mal ne pouvant guère être combattu que dans ses effets sympto-

matiques, il n'y a à lui opposer qu'une force d'ame extraordinaire ou un prompt départ pour la mère-patrie. On est souvent obligé d'embarquer des militaires qui succomberaient infailliblement à cette cruelle affection. Lorsque j'arrivai à Cayenne en 1804, avec un bataillon du huitième de ligne, un officier, frappé de l'aspect du pays, déclara qu'il aimait mieux donner sa démission que d'y rester plus long-tems. Il partit huit jours après notre arrivée, sur la même frégate qui l'avait amené. Ces exemples sont, heureusement, fort rares. Quelques jours suffisent pour familiariser l'imagination avec des objets que leur nouveauté seule rend étranges.

(3) *Page* 17.—Il est peu de pays plus abondants en gibier et en poisson que la Guyane Française. On le croira sans peine, en considérant qu'un développement de côtes de plus de cent lieues n'a pour toute population que deux mille blancs, et environ douze mille nègres ou hommes de couleur. Chaque habitation a un chasseur et un pêcheur qui sont les véritables pourvoyeurs de la maison en provisions fraîches. Dans quelques cantons, il suffit d'une heure ou deux pour faire une chasse très abondante, et si l'on s'enfonce dans ces forêts vierges, dans ces savannes, dont jamais la présence de l'homme n'a troublé la solitude et le silence, les paisibles hôtes de ces lieux déserts se montrent si peu effrayés, qu'ils se laissent souvent approcher et tuer à bout portant. La passion de l'homme pour la chasse aurait-elle dénaturé l'instinct des animaux qui vivent à la portée de son activité et de ses moyens de destruction?

(4) *Page* 17. — C'est dans cette partie de la Guyane que les Jésuites avaient formé un établissement, autour duquel ils étaient parvenus à réunir plusieurs tribus Indiennes. Ils y avaient mis un soin et une persévérance dont pouvaient seuls être capables les hommes qui composaient cet ordre , et qu'exigeaient les sauvages les plus rébelles aux bienfaits de la civilisation. Ils les avaient rendus pasteurs, condition plus conforme à la nature primitive et au caractère insouciant et apathique de ces peuples.

Les missionnaires avaient un établissement à Kourou et un autre à Oyapock. Ils partaient de là, remontaient les rivières, s'enfonçaient dans les forêts et allaient chercher les sauvages dans les lieux les plus inaccessibles. Ils apprenaient les idiômes de ces peuplades, administraient des remèdes, faisaient des présens aux capitaines, caressaient les enfans et ne négligeaient aucun moyen de séduction et de persuasion. Les Indiens, stupéfaits de voir des hommes si supérieurs à eux, leur apporter des bienfaits, sans exiger aucun service, se laissaient entraîner. Les jésuites, devenus architectes, maçons, charpentiers, élevaient, avec l'aide de leurs néophytes, des églises, des presbytères, des maisons. Ils réunissaient la jeunesse dans des écoles et occupaient les hommes et les femmes à la culture des plantes alimentaires, à la garde des troupeaux, à la chasse et à la pêche. L'établissement d'Oyapock fut ruiné par les Anglais en 1744, avec des circonstances atroces et dignes des peuples les plus barbares. La destruction de l'ordre des Jésuites entraîna celle de la mission de Kourou.

C'est aux Jésuites que l'on doit les principaux établissemens de Cayenne. L'église paroissiale a été construite par leurs soins, ainsi que le collège, assez beau bâtiment, qui ne contient plus qu'une imprimerie.

(5) *Page* 25.—Les nègres se montrèrent à cette époque bien peu dignes du bienfait de la liberté. Ceux que la reconnaissance ou la sollicitude pour leurs enfans ne put retenir dans les habitations, se livrèrent au brigandage, à la paresse et à tous les vices qui en sont la suite. On en trouvait sur les chemins, exténués de besoin et en proie à toutes les horreurs de la misère, dans un pays où l'homme de couleur trouve, dans le plus léger travail, de faciles moyens d'existence. S'il a été commis peu d'excès contre les blancs dans la Guyane, et si les colons, comme ceux de Saint-Domingue, n'ont pas tous été exterminés ou chassés, il faut l'attribuer à la nature du pays qui, coupé par de grandes rivières et une multitude de criques, n'a pas permis aux noirs de se réunir en grandes masses, et à la douceur avec laquelle ils ont toujours été traités par leurs maîtres. Du reste, on a, à plusieurs époques, fait tout ce qui pouvait amener cette catastrophe, comme on le verra dans quelques passages de cette relation.

On appelle nègres *marrons*, ceux qui ont déserté leurs habitations et vivent errants ou réunis en société dans des lieux éloignés des établissemens européens. Il n'est pas de colonie qui n'ait les siens. Ceux de Surinam n'ont jamais pu être réduits, et le gouvernement a fait avec eux un traité religieusement observé depuis long-tems. Les nègres sont devenus propriétaires des terrains qui leur ont été abandonnés, et apportent publiquement leurs denrées au marché. Une des clauses stipulées avec eux, porte qu'ils ne recevront pas de nouveaux fugitifs, et qu'ils ramèneront ceux dont ils pourront se saisir. Cet article n'a jamais été enfreint.

En 1751, un rassemblement de nègres *marrons* se forma dans la Guyane Française, et s'établit dans les immenses forêts du continent. On y envoya un détachement de troupes qui ne put ramener que trois ou quatre de ces malheureux, et revint à Cayenne après avoir brûlé les cases et ravagé les plantations de ces déserteurs. On délibérait sur les moyens de rendre une seconde expédition plus efficace, lorsqu'un missionnaire Jésuite proposa de faire seul une tentative, accompagné seulement de quatre nègres esclaves, destinés à porter des vivres et son bagage. Il arriva, en suivant les traces du détachement qui l'avait précédé, et l'incendie de l'établissement des nègres *marrons* lui indiqua qu'il était arrivé à sa destination. Ce fut en vain que ses cris appelèrent les objets de sa sollicitude; aucun ne parut, tant ils craignaient que le missionnaire ne fût suivi par un détachement de troupes, et qu'amenés à Cayenne, on ne leur infligeât les peines terribles portées par les ordonnances contre le *marronage*. Le jésuite, contristé et découragé, prit le parti de retourner sur ses pas; mais afin de laisser un témoignage de sa présence en ces lieux et du but de son voyage, il fit élever une croix de bois. A ce signe révéré de rédemption et de miséricorde, les nègres furent émus, se prosternèrent pour prier, et députèrent quatre d'entre eux auprès du respectable missionnaire, prêt à s'embarquer, en lui annonçant qu'ils allaient se rendre, ne doutant plus de la sincérité du pardon qui leur était offert. Il les ramena triomphant à Cayenne, où on les rendit à leurs maîtres.

En 1803, on eut avis au chef-lieu de la colonie d'un établissement considérable de noirs *marrons*, situé à plusieurs lieues dans les bois. On y envoya un assez fort détachement, composé de soldats blancs et d'hommes de couleur de la compagnie de gendarmerie. Après une marche longue et pénible à travers les forêts et les savanes, la troupe arriva avant le jour dans un vaste abattis, au milieu duquel étaient les cases et les cultures des fugitifs. Tout était encore plongé dans le sommeil, mais une négresse, sortie de sa case pour satisfaire un besoin, aperçut les soldats et jeta l'alarme par ses cris; le chef du détachement perdit la tête, fit faire feu sans motif et sans avoir d'ennemis devant lui, et ne prit aucune disposition pour cerner les nègres; ceux-ci prirent la fuite et résistèrent à toutes les instances qui leur furent faites pour se rendre; alors on mit le feu aux habitations, et toutes les plantations de manioc, de bananiers, de patates, etc., furent également livrées aux flammes. On revint alors à Cayenne.

Un second détachement, quoique mieux commandé, ne fut pas plus heureux; la troupe souffrit même beaucoup de la disette d'eau, parce que les nègres s'étaient emparés de la seule source qui existât, et en défendaient l'approche; cependant on parlementa, et les malheureux noirs étaient sur le point de se soumettre, lorsqu'un d'eux eut la curiosité d'ouvrir un des *paguras* (paniers de jonc) qui composaient le bagage du détachement. Ayant découvert qu'il contenait des poucettes en fer, ce nègre en donna avis à celui d'entre eux qu'ils reconnaissaient pour chef. La négociation fut rompue, et les fugitifs déclarèrent que si on voulait traiter avec eux, on n'avait qu'à leur envoyer *un père* (un prêtre). Le détachement revint; il ne restait à Cayenne que le curé de la paroisse, ceux qui l'assistaient dans son ministère ayant péri depuis peu en remplissant leurs saintes et périlleuses fonctions auprès des individus atteints de la fièvre jaune qui affligeait alors la colonie. Ce respectable ecclésiastique se résigna à un voyage aussi pénible que dangereux et obtint le succès qui, cinquante-deux ans auparavant, avait couronné la généreuse entreprise d'un missionnaire.

(6) *Page 42*. — Les nègres et les Indiens ont dérobé à la nature des secrets qui passeraient pour des prodiges aux yeux des personnes crédules. Habiles dans l'art funeste des empoisonnemens, ils ne sont pas moins versés dans la connaissance des contre-poisons et des végétaux propres à la cure de certaines maladies. Ils réalisent ce que Tite-Live rapporte des Psylles de l'Afrique, qui engourdissaient et enchantaient les serpens. Il est un fait que je n'ai jamais entendu contester, et que je tiens de colons très-respectables. C'est l'opération connue et pratiquée par quelques noirs, et qui consiste à laver avec la décoction de certaines plantes les bestiaux pour les préserver de la morsure des serpens ou des attaques du tigre. On m'a montré à l'hôpital de Cayenne un vieux nègre qui possédait un remède contre la terrible maladie connue sous le nom de colique de *miséréré*. Ce qui doit redoubler l'étonnement, c'est qu'en

général, ni récompenses, ni mauvais traitemens ne peuvent décider les mystérieux possesseurs de ces secrets à en faire part aux blancs. Les uns mettent à cette réserve une sorte d'esprit national ou de couleur, d'autres accompagnent l'administration des substances qu'ils ont préparées en secret de gestes et d'invocations, par lesquels ils semblent vouloir se donner l'apparence d'un pouvoir surnaturel.

(7) *Page* 43. — En tems de guerre, la colonie de Cayenne est exposée à manquer d'approvisionnements, à défaut d'un port où les bâtimens puissent se réfugier. Obligés de mouiller au large, ils sont exposés aux tempêtes; et, ce qu'il y a de plus dangereux, à être enlevés par les vaisseaux de guerre ou les corsaires ennemis. On obvierait à cet inconvénient en construisant un port aux îles du Salut, devant Sinnamary ; la nature a fait presque tous les frais de cet établissement, où les vaisseaux de haut bord pourraient jeter l'ancre et stationner en toute sûreté.

(8) *Page* 45. — Ce flot extraordinaire est connu dans le pays sous le nom de raz de marée. Il est peu de phénomènes aussi effrayants. La mer, gonflée et élevée comme un énorme promontoire, s'avance en mugissant et se précipite sur la côte avec un bruit épouvantable, ren-

versant tout devant elle et envahissant un immense espace de terrain.

Ce fut à peu de distance du lieu où l'auteur a fait naufrage, que M. de la Condamine échoua sur un banc de vase où il resta à sec dans son embarcation pendant plusieurs jours, jusqu'à ce qu'une grande marée vint la relever et la remettre à flot.

(9) *Page* 49. — Le Boa *Constrictor* est le géant des reptiles; il habite les lieux humides et marécageux; sa longueur prodigieuse et sa grosseur, la puissance de dilatation dont il est doué, une odeur nauséabonde qui annonce sa présence, en font un des individus les plus hideux et les plus effrayants du règne animal. Sa proie est elle d'un trop fort volume pour son gosier et son estomac? il l'étouffe dans ses replis, l'enveloppe d'une bave visqueuse, destinée à faciliter la déglutition et, dans cet état, l'ensevelit sans peine dans son œsophage. Bientôt l'horrible reptile tombe dans une espèce d'engourdissement, produit par la rumination, et rejette les os, les poils et toutes les parties indigestibles de sa proie. On peut alors le tuer sans beaucoup de peine. Pour des animaux de la taille de nos lapins ou de nos oiseaux de basse-cour, le Boa n'est pas obligé de prendre autant de précautions. Pendant mon séjour à Cayenne, un de ces serpens se trouva dans une des habitations de M. Noyer, en présence d'une cane et de sa couvée. Les pauvres volatiles étaient frappés d'immobilité, et ne donnaient d'autre signe de vie qu'un léger

frémissement des aîles et un petit cri aigu produit par la frayeur. C'était la fable du basilic réalisée. Tout d'un coup le Boa ouvrit sa large gueule, et aspira plutôt qu'il n'avala la mère et les petits.

Ce reptile est très-commun à la Guyane, mais il n'est pas venimeux et attaque rarement les hommes.

(10) *Page* 50. — Il faut avoir habité les terrains bas et boisés de la Guyane Française pour se faire une idée de la quantité d'insectes aîlés, connus sous les noms de maques, de moustiques et de maringoins qui y existe. Elle est telle que l'on n'exagère pas en disant que l'air en est obscurci. D'autres espèces, telles que les fourmis, les araignées, les guêpes n'y sont pas moins nombreuses. On peut avancer, avec la certitude d'être bien en-deçà de la vérité, qu'une lieue carrée dans certaines parties de la France équinoxiale, renferme plus d'êtres vivans que l'Europe toute entière.

Le maque est le plus redoutable de ces insectes; sa trompe est si forte et si aiguë, qu'elle perce un gant de peau de buffle; on s'en garantit, ainsi que des moustiques et des maringoins, au moyen de la fumée de bois vert que l'on allume le soir devant les habitations; le remède est presque aussi fâcheux que le mal, dans un pays aussi chaud.

Si les habitans de Cayenne ont à se plaindre de ces insectes, ils leur doivent, en compensation, de la reconnaissance pour les avoir sauvés dans une occasion importante. A une époque que je ne me rappelle pas, les noirs avaient complotté une insurrection ; c'était au milieu d'une nuit que l'on devait se réunir, surprendre la garnison dans ses casernes et commencer le massacre des blancs. Cette même nuit, les moustiques et les maringoins envahirent le quartier en si grande quantité, que les soldats, ne pouvant dormir, quittèrent leurs hamacs et descendirent dans les galeries qui, d'après l'usage du pays, règnent devant tous les bâtimens. Lorsque les nègres se présentèrent, l'alarme fut donnée, et, en quelques minutes, toute la garnison fut sous les armes. On ne peut calculer ce qui serait arrivé, si la troupe eût été plongée dans le sommeil ou réveillée brusquement à minuit par une alerte.

(11) *Page* 142.—L'hôpital de Cayenne est placé hors de la ville, sur le bord de la mer et dans la situation la plus salubre. Dû à la munificence de nos rois, il a été constamment entretenu dans l'état le plus prospère par le pieux et courageux dévouement des sœurs hospitalières. C'est là que le militaire, atteint d'une des maladies de ce climat ; que le marin, fatigué et souffrant à la suite d'une longue navigation, reçoivent les soins les plus touchants et les plus attentifs et, loin de leur patrie, retrouvent ces consolantes attentions qui leur seraient prodiguées au sein de leurs familles. De riches colons s'y font transporter, convaincus qu'ils y seront mieux traités que dans leurs propres demeures. C'est là que les déportés du 18 fructidor ont respiré un moment entre les horreurs *de la Vaillante* et les souffrances de

Sinnamary. De ce lieu d'exil, ils invoquaient comme un bienfait une place à cet hospice, qui devait leur sembler le dernier asyle de la religion et de la pitié. C'est là que moi-même j'ai lutté deux fois contre la mort à l'époque où la fièvre jaune exerça ses ravages à Cayenne. J'étais abattu et consterné de l'idée que je mourrais loin de mes parens et de mes amis. La bonne sœur, chargée de me soigner, m'apprit que j'occupais la chambre et le lit de M. Barthélemy. O pouvoir de l'imagination! Je devins résigné, et le courage que je puisai dans mes réflexions, ne contribua pas peu à ma guérison, que je dus aux soins et aux talens du respectable médecin en chef, M. Noyer.

Lorsque la colonie fut prise par les Anglo-Portugais, en 1803, les sœurs hospitalières revinrent en France. L'établissement dépérit sous une administration étrangère, et une partie des bâtimens tomba en ruines. A la restauration, ces héroïnes de l'humanité repassèrent les mers et revinrent prendre leur poste.

D'autres sœurs, de l'ordre de Saint-Joseph, se sont établies à Cayenne depuis peu d'années; leur mission est l'instruction religieuse des jeunes filles. Cette congrégation a aussi des maisons au Sénégal et à l'île Bourbon.

(12) *Page* 148.—Marie-Rose a été, avec les sœurs de l'hospice, la seconde providence des déportés. Ramel, dans un passage de son journal, lui a consacré un tribut de reconnaissance. M. De Larue, dans son estimable

histoire du 18 fructidor, s'exprime ainsi sur le compte de cette bonne mulâtresse.

« Une mulâtresse, que sa pieuse charité rendait chère
» à tous les malheureux, n'avait pas laissé échapper
» cette occasion d'exercer ses vertus, nous lui devions
» toutes sortes de bienfaits : Pichegru en était le prin-
» cipal objet, mais Pichegru pouvait-il s'isoler de nous,
» quand il s'agissait d'adoucir notre sort ? Estimable
» Marie-Rose ! vous ne fûtes pas exceptée de l'inhu-
» maine défense, heureusement que votre ingénieuse
» bonté sut tromper la vigilance de nos cerbères ; cette
» rigueur ne fit que doubler le prix de vos bienfaits et
» vos droits à notre reconnaissance. »

La sollicitude de Marie-Rose suivit les déportés jusqu'à Sinnamary ; elle plaça auprès d'eux des femmes de sa couleur qui, sans espoir de récompense, consentirent à suivre les illustres victimes dans leur désert. Pour bien apprécier le dévouement de ces ames généreuses, il faut se rappeler l'énorme distance qui, dans les colonies, à Cayenne surtout, sépare les blancs de tout ce qui porte la moindre teinte du sang Africain. Les nègres, les mulâtres et les métis y sont, pour ainsi dire, les *Parias* de l'espèce humaine.

(13) *Page* 171. — *La pagaye* est une sorte de pelle de bois, longue de trois à quatre pieds, dont les nègres et les Indiens se servent avec beaucoup de dextérité, en guise de rame et même de gouvernail. Rien de plus singulier et de plus piquant qu'un voyage fait avec un

équipage nègre. Les rameurs, placés de chaque côté du canot, le corps nud jusqu'à la ceinture, pagayent en cadence. Un improvisateur entonne une chanson, dont il compose la musique et les paroles, et qui a ordinairement pour sujet le maître ou l'un des passagers ; ce chant est répété en chœur par tout l'équipage, et n'est interrompu que par les éclats de rire qu'excitent les saillies du Barde Africain. Ainsi que je l'ai remarqué plusieurs fois, la danse et la navigation sont les exercices qui exaltent le plus l'imagination des nègres et développent le mieux le caractère insouciant et enjoué de la plupart d'entr'eux. Serait-ce qu'en dansant, leurs chaînes leur paraîtraient plus légères et, qu'au milieu du terrible élément, loin de cette terre qu'ils arrosent de leurs sueurs, ils croiraient avoir acquis un moment d'indépendance ?

(14) *Page* 195. — De long-tems on ne sera d'accord sur la Guyane en général, et principalement sur Sinnamary. La funeste expédition de 1763 a couvert cette contrée d'un voile funèbre, et l'opinion a attribué au climat ce qui ne devait être imputé qu'à la coupable imprévoyance de l'administration. Treize mille individus ont péri sur la plage de Kourou, de faim, de misère, et par les maladies qui devaient atteindre des hommes dénués de tout, sans abri et entassés dans quelques misérables carbets. On n'avait pas préparé de logemens ; les vivres furent débarqués sur le rivage et, dans une nuit, une forte marée vint les enlever ou les

corrompre. La famine, une épidémie, moissonnèrent en peu de tems cette population, dont les cris retentirent en vain sur cette malheureuse rive, et ne trouvèrent en France que quelque faibles échos.

Les déportations sont venues accroître le discrédit dans lequel la Guyane et Sinnamary étaient tombés. Les victimes ont exagéré les inconvéniens de leur position et ont parlé des lieux avec tout autant d'injustice et de partialité qu'en s'exprimant sur les hommes. Il faut dire, pour leur justification, que, comme on ne saurait aimer sa prison et son geolier, il n'est pas surprenant que tout ce qui les entourait ait produit sur leur imagination une sensation pénible, et qu'ils aient plus fortement senti des maux auxquels ils ne trouvaient aucune compensation. Mais qu'est-ce que cela prouve contre un pays qui n'a peut-être eu que le tort involontaire d'avoir été le tombeau des dupes d'un ministère ignorant et le lieu d'exil des victimes d'une révolution? Ce sont les hommes impartiaux et désintéressés auxquels il faut s'en rapporter; c'est M. Malouet qui a vu les choses en administrateur, en homme éclairé, en citoyen ami de la gloire et de la prospérité de son pays; c'est M. Lescallier, qui a exercé de hautes fonctions dans plusieurs de nos colonies; ce sont enfin ceux mêmes des déportés qui ont eu le courage de se dépouiller de l'esprit de parti et de se séparer quelques instans de leurs regrets et de leurs affections, qui peuvent donner une juste idée de cette belle et intéressante contrée.

On s'est beaucoup récrié contre l'insalubrité de la Guyane. Sans doute plusieurs cantons sont mal sains, en raison de causes locales que la culture ferait disparaître; et n'y a-t-il pas, même en Europe, des territoires, des provinces entières, dont le séjour est plus dangereux et plus redoutable que celui de Cayenne? Les habitans de la Zélande, vivant sous un terrain abaissé au-dessous du niveau des eaux, sont en proie à une fièvre continuelle. En France, les indigènes de plusieurs parties de la Flandre, des Landes, de la Tourraine et de la Haute-Provence, ont à craindre des maladies tout aussi dangereuses que celles qui atteignent les Européens sous les tropiques. Chacune de nos provinces a sa Guyane et, cependant, ceux qui sont nés dans ces lieux proscrits, comme ceux que des intérêts y retiennent, vivent dans la sécurité, et ne quitteraient pas leur pays pour en aller habiter un autre qui ne présenterait pas ces inconvéniens; et, sans aller chercher au loin des exemples, croit-on que nos brouillards, nos froids rigoureux, la glace et la neige de la zone que nous habitons, et les cruelles infirmités qu'ils produisent ne soient pas des objets d'aversion et d'effroi pour les individus nés sous les tropiques? On en a vu beaucoup quitter avec transport le sol de la France et retourner sous l'ombre de leurs palmiers avec autant de joie qu'en ont pu ressentir les déportés, fuyant de Sinnamary.

Le climat de Cayenne est beaucoup plus tempéré que que celui du Sénégal, de l'Egypte et même de la Sicile; l'air y est constamment rafraîchi par les vents d'est qui ont traversé l'océan dans un espace de mille lieues. La fièvre jaune y fut apportée en 1804 par un bâtiment des Etats-Unis, et n'a pas reparu depuis dans la colonie. Les maladies n'y sont fréquentes et dangereuses que pour les hommes intempérans ou adonnés au libertinage. On y cite beaucoup d'exemples de longévité, et il en existe un en ce moment qui n'a peut-être pas son second en France, c'est celui d'une femme âgée de cent dix ans, née en Europe, et habitant depuis long-tems la colonie.

La salubrité règne dans cette partie de l'Amérique méridionale, partout où n'existent plus les causes les plus ordinaires des maux qui attaquent les principes de la vie ; je veux parler des forêts qui interceptent les courans d'air et des eaux stagnantes qui produisent des miasmes délétères. Quant aux insectes si multipliés dans certains cantons, on en est exempt dans toutes les situations découvertes, là où les vents ne sont point arrêtés par des abris naturels. Ainsi, chaque habitation est placée ordinairement au centre d'un vaste espace défriché, d'où s'éloignent ces innombrables légions aîlées ; c'est la nuit principalement qu'elles quittent leurs retraites et envahissent les lieux humides et boisés; l'homme alors défie leurs atteintes à l'abri d'une moustiquaire, qui sert de rempart contre ces hôtes incommodes, sans intercepter la circulation de l'air. Sous ce tissu protecteur on dort les fenêtres ouvertes et sans couvertures, ce qui est une jouissance de plus dans ce climat.

Ce ne doit pas être un pays aussi affreux que le représentent la plupart des relations, que celui auquel ses enfans sont si attachés, qu'après avoir joui quelque tems des délices de la métropole, ils soupirent après la vie simple et uniforme qu'ils ont abandonnée, et reviennent avec transport aux lieux qui les ont vus naître. Bien plus, on voit en général les natifs d'Europe, arrivés pour fonder leur fortune sur l'agriculture ou le commerce, avec le projet de revenir ensuite jouir dans leur patrie du fruit de leurs travaux, ne plus vouloir quitter le sol de la colonie, quoique possesseurs de tout ce qui pourrait leur assurer ailleurs les jouissances du luxe et des arts. Lorsqu'après la restauration et en vertu des traités, la France eut repris possession de la Guyane, la plupart des officiers qui y avaient servi et des fonctionnaires civils qui y avaient été employés, sollicitèrent comme une faveur leur retour à Cayenne. Beaucoup de soldats, dont le tems de service est expiré, s'y établissent. Et que l'on ne croye pas que des motifs d'intérêt aient seuls quelque influence sur la détermination de ces exilés volontaires. Ils ne sont attirés que par une sorte de sympathie, dont il serait difficile d'assigner la cause, et qui tient, je crois, à une nature majestueuse autant que variée, à la douceur de la température et à l'indépendance comme à la considération dont jouissent les blancs, au milieu d'une population de couleur qui ne peut s'empêcher de rendre hommage à la supériorité de ses maîtres.

Aucune contrée du globe ne présente à l'activité des Européens un champ plus beau, plus vaste et plus fertile à exploiter. Une nature vierge leur offre les résultats d'un long repos et les débris immenses des générations d'arbres et d'animaux qui se sont succédées depuis la création. Ce sol incomparable peut devenir la patrie de tous les végétaux de la zone torride, à quelque pays qu'ils appartiennent, et déjà les épices parfumées de Ceylan et des Moluques y croissent non loin des fruits d'Othaïti, du café de l'Arabie et du cotonnier des Indes orientales. Cette fertilité est telle qu'en peu d'années le revenu d'un défrichement peut s'élever au même taux que le capital qui y a été employé. Plusieurs millions de bras ne suffiraient pas à la culture de cette vaste partie du continent Américain, et des millions d'individus végétent en Europe dans la misère et dans l'oisiveté!

Mais, me dira-t-on, quels seraient les moyens de coloniser cette contrée qui a de si déplorables antécédens, et qui est tellement perdue dans l'opinion, qu'elle est devenue en France un objet d'horreur et d'effroi?

Les moyens!... Réclamez-les d'abord de l'Angleterre, qu'une philantropie intéressée porte à prohiber la traite des noirs qu'elles aime mieux abondonner au fer de leurs ennemis et au couteau de leurs prêtres. Mais si vous êtes forcés de persévérer dans un système qui compromet l'existence de nos colonies, appelez, secourez, protégez tous ceux qui ne trouvent dans leur patrie aucun aliment à leur activité. Que ceux en qui on reconnaîtra de l'industrie, du courage, une volonté persévérante soient aidés au moyen de capitaux, d'instrumens aratoires, de vivres, en proportion et à mesure de leurs travaux. Qu'ils s'acclimatent d'abord dans la vie paisible des pasteurs. La multiplication des troupeaux leur donnera bientôt des moyens faciles d'ouvrir le sein de la terre, et de suppléer aux bras que l'Afrique ne peut plus nous fournir. Appelez autour d'eux ces nombreuses peuplades d'Indiens, qui ne connaissent de l'Europe que ses maladies et l'usage funeste de ses boissons alchooliques. Que de nouveaux missionnaires aillent planter au milieu de ces sauvages l'étendart de la religion et les conquérir à la civilisation par les douces et consolantes paroles de l'évangile. Cette race d'hommes, douée d'une prodigieuse intelligence pour les arts mécaniques, acquerrait bientôt, en éprouvant de nouveaux besoins, toute l'activité qui lui manque.

Que font dans nos prisons ces milliers d'individus qui, lorsqu'ils n'y périssent pas, sont rendus à la société plus corrompus qu'ils ne l'étaient avant d'y entrer ? C'est là que la mortalité est plus grande et plus effrayante qu'à Cayenne. Je ne proposerai pas de les transporter tous indistinctement dans cette colonie ; mais ne pourrait-on pas les laisser eux-mêmes les arbitres de leur sort, choisir un emplacement distinct et éloigné des autres établissemens, et fonder un second Botany-Bay, qui serait bientôt préféré à ces asyles du malheur et du crime, dont l'administration la plus vigilante ne détruira jamais les inconvéniens ? Je connais assez le régime des prisons, dont je me suis occupé avec persévérance pendant plus de dix ans, pour assurer que la Guyane présente moins de chances de maladie et de mortalité que la maison de détention la mieux surveillée, et qu'il n'est personne qui ne préférât rester vingt ans à Sinnamary, à une existence de dix années dans quelque prison que ce fut.

Si vous voulez assainir le pays, ne permettez pas, comme on l'a fait jusqu'ici, que les établissemens soient trop disséminés ; les habitations, si éloignées les unes des autres, et séparées par des bois et des terrains marécageux, n'influent que faiblement sur la salubrité d'un canton. C'est en défrichant de grands espaces, en donnant, par de nombreuses saignées, de l'écoulement aux eaux, que l'on parviendra à détruire ce qui rend mal saines de grandes portions de cette contrée. Voyez Surinam, au nord de Cayenne ! on s'y croit transporté en Hollande. Partout la vie et la prospérité, partout les plus riches cultures. Mais aussi, ce sont les patiens Hollandais qui ont créé Surinam.

Faites que vos administrateurs, au lieu de s'occuper presque exclusivement du soin de leur fortune, suivent avec persévérance les projets d'amélioration conçus dans l'intérêt du pays. Etablissez un système, tel que l'un ne puisse détruire ou abandonner ce qu'un autre aura commencé. Qu'est devenu le projet du canal de *Torcy*, presqu'aussitôt délaissé qu'entrepris, et qui a coûté la vie à un des sujets les plus distingués qui soient sortis de l'école Polytechnique ? L'autorité absolue des commandans, réunissant les pouvoirs civils et militaires, leurs systêmes, la rapidité de leur passage, ont toujours été des obstacles à la prospérité de cette colonie. Je suis bien éloigné de prêcher l'indépendance, mais je voudrais que la métropole s'attachât les colons par ses bienfaits, et qu'elle entretînt ainsi en eux cet amour de la mère patrie, plus puissant que son autorité et ses garnisons.

Tels sont les vœux que je forme en faveur d'une contrée qui peut devenir pour la France une source de richesses, et des plus importantes productions, avec une administration sage, constante dans ses vues, ferme dans l'exécution, et marchant à son but avec persévérance.

(15) *Page* 202. — Après la chûte de Robespierre, Collot-d'Herbois et Billaud-Varennes furent transportés à la Guyane française. Ils restèrent quelque tems au chef-lieu, puis furent envoyés à Sinnamary; Collot y tomba malade et vint mourir à l'hôpital de Cayenne, sans que les bonnes sœurs hospitalières, qui voulaient prier pour lui, pussent savoir quelle était sa religion.

Billaud-Varennes était encore à Sinnamary, lorsque les déportés du 18 fructidor y arrivèrent. Au nombre de ces derniers se trouvait Bourdon de l'Oise, qui n'avait pas peu contribué à la mesure adoptée contre Billaud, et qui avait même proposé de le faire fusiller dans le sein de la convention et séance tenante. Après avoir pris quelque repos, les exilés se dispersent pour prendre connaissance des lieux environnans, et visiter les hôtes de ce triste séjour. Bourdon de l'Oise rencontre une case sur son chemin et, sans y être attendu, sans savoir lui-même quel était l'habitant de cette demeure, il entre et se trouve en présence. . . . de Billaud-Varennes. Celui-ci, ne s'attendant nullement à une pareille visite, croit voir un spectre, reste immobile d'effroi, et éprouve à l'instant une révolution telle qu'aurait pu l'opérer le plus violent purgatif. Bourdon de l'Oise ne ressentit que de l'indignation, et adressa à Billaud une sortie véhémente et énergique, comme s'il eût été encore à la tribune de l'assemblée législative. Le régicide Bourdon avait du reste peu de chose à reprocher au régicide Billaud. Ne semble-t-il pas voir dans le désert la hiène aux prises avec le tigre ?

Billaud-Varennes obtint par la suite la permission de quitter Sinnamary, et vécut sur une habitation qu'il prit à ferme, non loin de Cayenne, et dont il devint après propriétaire. Là, l'apôtre de la liberté et de l'égalité eut des esclaves, et mit sa conduite et ses intérêts en opposition avec ses principes républicains. On prétend même que ses frères et amis les nègres étaient traités par lui d'une manière très-peu fraternelle. Il les vendit avec sa propriété après la restauration et se retira aux Etats-Unis. De là, il passa à Saint-Domingue où il mourut, occupé, dit-on, à faire une constitution pour la république d'Haïti.

(16) *Page* 203. — Ce que rapporte l'auteur sur le courageux refus qu'il opposa à la désagréable mission d'accompagner Collot-d'Herbois et Billaud-Varennes dans leurs promenades, est confirmé par la relation de Job Aymé, l'un des déportés du 18 fructidor. Voici comment il s'exprime :

« On s'était conduit d'une manière bien différente envers Collot-d'Herbois et Billaud-Varennes. « Le » directoire, par son arrêté du 4 brumaire de l'an 4, avait » enjoint à tous agens du gouvernement de les laisser » jouir de leur pleine liberté dans la Guyane. » Et cette dernière expression avait été interprêtée dans toute sa latitude; c'est-à-dire que la ville et l'île de Cayenne étant considérées comme faisant partie de la Guyane, on les laissa libres d'aller partout où ils voulurent, du moment qu'ils furent débarqués ; non seulement ils n'étaient point escortés par la force armée, mais il était enjoint à tous les officiers, à tour de rôle, de les accompagner à la promenade, pour les satisfaire sur les objets de leur curiosité. *Un seul eut le courage de se refuser à cette humiliante injonction ; il dit qu'il n'était point fait pour servir de compagnie aux bourreaux de ses concitoyens.* »

(17) *Page* 245. — L'auteur, en peu de mots, peint l'hospitalité, telle qu'elle est encore exercée dans plu-

sieurs colonies, et surtout dans la Guyane française. On croit lire un passage de la Bible ou d'Homère. « Qui que vous soyez, vous êtes le bien venu; acceptez quel- ques rafraichissemens, prenez un bain, reposez-vous, après vous m'apprendrez votre nom et votre rang. » A part les habitations de l'Amérique, ce n'est que dans la plus haute antiquité que l'on trouve des exemples de cette bienveillance confiante, qui accueille l'étranger comme un frère, et ne fait voir dans sa présence qu'un devoir à remplir envers l'humanité. Dans les colonies, le voyageur porte sur son front le passeport qui lui ouvre le seuil hospitalier; il est blanc, et ce mot renferme son nom et son signalement. Le maître le reçoit comme un ami, et lui indique sa place au milieu de sa famille. Les esclaves s'empressent, non, comme en Europe, dans l'espoir d'un salaire, qui ôte le prix du service et affranchit de la reconnaissance, mais par respect pour un pieux usage. Cette réception, du reste, est aussi simple que cordiale et, quel que soit le rang de celui qui en est l'objet, il ne voit pas un hôte soucieux, qui paraît vous expulser à force de faste et de fatigantes attentions; c'est un accueil qui semble vous dire, restez, et quand on part, revenez. A mesure que les colonies ont prospéré en population et en richesses, ce sentiment s'est affaibli, il s'est même éteint dans quel- ques-unes. Cela explique comment cet usage patriarchal s'est effacé de l'ancien monde, et la cause en est facile à saisir.

(18) *Page* 270. — V** H*** fut un des hommes les plus extraordinaires enfantés par notre révolution. Les

génies du bien et du mal semblèrent avoir présidé à sa naissance et dirigé toutes les actions de sa vie. Son ame et son caractère offraient le plus étrange assemblage de mauvaises et de bonnes qualités. Sous une enveloppe rude et grossière, et avec un langage plus ignoble encore, il avait une pénétration extraordinaire, une conception prompte, une imagination ardente, une activité prodigieuse. Né à Marseille, il s'élança de l'obscure boutique d'un boulanger dans les rangs des républicains. Il s'y distingua et mérita, par ses exploits, la présidence du tribunal révolutionnaire de Rochefort; il ne justifia que trop dans ce poste la confiance de ceux qui l'avaient employé; il faillit plus tard, payer cher cette mission. Un jeune homme, dont la mère avait péri sur l'échafaud, le rencontra aux Tuileries après le règne de la terreur, le provoqua en présence du général Boudet, et le contraignit de se rendre au bois de Boulogne, où ils se battirent au pistolet. L'adversaire de V*** H*** lui envoya une balle qui lui traversa le bras et les côtes, et fit ainsi quatre trous. Doué d'une constitution robuste, l'ex-président fut bientôt guéri de cette double blessure.

En 1794, il fut envoyé avec le général Boudet à la Guadeloupe, occupée par les Anglais que commandait le général Graham. Ceux-ci, après s'être défendus quelque tems, furent obligés de se rembarquer. Ce fut alors que V*** H*** se signala par sa haine contre cette nation, et ses excès envers les colons, soupçonnés d'avoir favorisé les ennemis de la république. Un grand nombre de ceux-ci, dont plusieurs, après avoir quitté la colonie, étaient revenus sur la foi d'une proclamation, furent livrés à une commission et condamnés à mort. Il fit exécuter à la même époque le décret sur la liberté des nègres, ne prévoyant sans doute pas alors que, plus tard à Cayenne, il ferait exécuter avec le plus grand succès la mesure législative qui a rétabli l'esclavage.

A l'égard des Anglais, V*** H*** ne laissa échapper aucune occasion de leur nuire et de leur montrer sa haîne et son mépris. Non content d'envoyer bombarder Antigue et plusieurs autres de leurs possessions, et de nuire à leur commerce en couvrant la mer de corsaires, il se porta contre les individus à des actes d'une brutalité révoltante. On prétend qu'il fit exhumer et jetter à la voirie le corps d'un général, tué dans une action, et que ses compatriotes avaient enterré honorablement. Un parlementaire étant venu proposer l'échange d'un major Anglais, V*** H*** répondit à cet envoyé : « Donnez-moi un cochon gras, du poids de votre major, et je vous le rendrai. » On lui attribue l'action barbare et contraire au droit des gens, d'avoir embarqué les prisonniers Anglais faits à la Guadeloupe, pour les placer en avant de la ligne de bâtimens, chargés de bombarder les forts d'Antigue.

Les Anglais se vengèrent en colportant dans les Antilles des saladiers et des vases de nuit, au fond desquels l'agent du gouvernement à la Guadeloupe était représenté attaché à une potence. Des corsaires de la colonie s'emparèrent de quelques-unes de ces cargaisons, et le gouverneur, loin de supporter philosophiquement ces innocentes représailles, traita, dit-on, d'une manière cruelle, ceux des marchands qui lui tombèrent dans les mains.

Nommé Agent et commandant de Cayenne, avant l'établissement du gouvernement consulaire, V*** H*** eut le bonheur de se faire confirmer après le 18 brumaire, et se rendit à sa destination. Là, réunissant tous les pouvoirs, il gouverna despotiquement et comme un pacha Turc, cette colonie où son nom était un talisman contre l'insubordination des noirs et les entreprises des Anglais. Sa fortune ne fut point oubliée au milieu des soins d'une administration peu compliquée. La course, le commerce, la culture de plusieurs habitations, des bénéfices de toute espèce portèrent bientôt son avoir à plusieurs millions.

Lorsque le décret qui rétablissait l'esclavage fut rendu, il le mit à exécution avec autant d'adresse que d'énergie, et ce nouvel ordre de choses qui, ailleurs, a coûté des flots de sang et occasionné des luttes terribles, fut établi dans la Guyane, sans qu'il en coûtât la vie à un colon ou à un seul de nos soldats. Les habitans de Cayenne n'oublieront jamais le service qu'il leur rendit dans cette circonstance difficile.

Cependant, en 1809, les Anglais, maîtres de toutes nos colonies à l'exception de la Guyane, vinrent avec les Portugais du Para faire une descente dans les rivières, au sud de Cayenne. Par une perfidie qui pouvait compromettre les jours des colons et bouleverser le pays, ils proclamèrent la liberté des nègres, et joignant à cet acte de déloyauté, d'inutiles et injustes dévastations, ils se mirent à ravager les propriétés des fonctionnaires publics. S'étant présentés la nuit au fort du Diamant, sur la rivière d'Aprouague, ils n'y trouvèrent aucune résistance, y entrèrent sans être aperçus, et tuèrent dans son hamac le capitaine Chevreuil, commandant du poste. Cet officier avait marché avant son tour et obtenu cette mission comme une faveur. Bientôt la petite armée Anglo-Portugaise s'approcha de l'île de Cayenne et débarqua sans opposition sur une plage. Des parlementaires furent envoyés de part et d'autre; enfin, V*** H*** se rendit *seul* au camp des alliés et y arrêta, sans la participation d'aucune autre autorité, une véritable capitulation de préfet, c'est-à-dire une convention toute dans les intérêts de la France et de la colonie, mais qui, faite avant d'avoir épuisé tous les moyens de défense dont il pouvait disposer et que comportaient les localités, était contraire à la gloire de nos armes. Un général, ayant à sa disposition douze à quinze cents hommes de troupe de ligne et de milice, contre un nombre peu supérieur d'ennemis, aurait tenu quelque tems la campagne dans un pays couvert de bois et entrecoupé de rivières, de criques et de ravins. Forcé de se replier, il se serait retiré dans le fort, défendu d'un côté par la mer et battant de l'autre les abords de la place. C'était dans ce dernier retranchement qu'il fallait capituler, d'après le système de Bonaparte, système généralement adopté aujourd'hui, et qui veut que l'on ne se rende qu'après avoir fait à l'ennemi tout le mal possible, et avoir souffert soi-même toutes les extrémités d'un siége.

Du reste, cette capitulation est curieuse, en ce qu'elle est empreinte de la haine que V*** H*** a toujours portée aux Anglais. Il y a exproprié ceux-ci de tous les avantages qu'ils pouvaient retirer de l'occupation de la colonie, en stipulant qu'elle serait rendue aux Portugais et non à leurs alliés; que toutes les propriétés publiques et particulières seraient conservées intactes, et notamment les établissemens où se cultivent les précieuses épices de l'Inde, et qui devaient conserver leurs gérans et employés Français. Il est certain que les Anglais, aujourd'hui maîtres de Ceylan et des Moluques, n'eussent pas manqué de détruire à Cayenne jusqu'au dernier plant des gérofliers et des canelliers qui fournissent annuellement au commerce jusqu'à cent milliers pesant de produits, et qu'à la paix ils ne nous auraient rendu cette possession qu'en accroissant la masse de nos sacrifices, et dépouillée de ce qui la rend utile et intéressante à la France. Par cette capitulation, la garnison devait être ramenée sur nos côtes, avec tous les fonctionnaires civils et militaires.

Là finit la puissance coloniale de V*** H***, qui put dire comme Mithridate :

« Et mes derniers regards ont vu fuir les Romains. »

car sa capitulation était un véritable échec pour les Anglais. Bonaparte n'en jugea pas ainsi ; il fit traduire le gouverneur de la Guyane devant un conseil de guerre, présidé par le général Duplessis. Le procès dura fort long-tems, et se termina par l'acquittement de V*** H***. Napoléon, furieux, disgracia le général et tous les officiers qui avaient siégé dans ce procès, et renvoya la cause devant un autre tribunal ; mais cette affaire, comme tant d'autres, fut engloutie, à ce qu'il paraît, sous les débris du pouvoir qui, à la même époque, avait osé casser la déclaration d'un jury et l'arrêt d'une cour d'assises.

Tel fut cet homme qui, pendant long-tems, a rempli de son nom les Antilles et une partie de l'Amérique méridionale. Violent, irascible au plus haut dégré, absolu et opiniâtre dans ses volontés comme dans ses projets, ne pouvant supporter les hommes dont l'éducation semblait être un reproche de celle qui lui manquait, il était néanmoins bon père, bon époux et ami sûr dès qu'il avait accordé sa bienveillance ; ses mœurs furent irréprochables, différent en cela de ses deux prédécesseurs qui s'étaient signalés par leur débauche et leur intempérance. Il vit maintenant à Cayenne dans une de ses habitations, où il a introduit avec succès l'usage de la charrue et de la pompe à feu, ne s'occupant que de culture et presque mort au monde, car il a perdu la vue.

FIN DU PREMIER VOLUME.

TABLE

DES CHAPITRES DU PREMIER VOLUME.

CHAPITRE PREMIER.

Pages.

Régiment d'Alsace. — Voyage de Varennes. — Mouvemens révolutionnaires- — Départ du corps pour Port-Louis. — Embarquement ; on met à la voile pour Cayenne. 1

CHAPITRE II.

Relâche à la côte d'Afrique. — Traite des blancs par les Hollandais. — Théodore Armand. — Arrivée à Cayenne. — Aspect du pays. — Nègres forçats. — Approuague. — Iracoubo. — Indiens Galibis. 8

CHAPITRE III.

Arrivée d'un Commissaire civil. — Nouveau régime introduit dans la Colonie. — Nègres marrons. — Expédition dans les forêts de la Guyane. — Rencontre de tribus d'Indiens. 20

CHAPITRE IV.

Le détachement s'égare. — Arrivée à Kourou. — Débarquement à Cayenne. — Révolte des Nègres du canton de Roura. — Excès commis sur les Colons. — Nouvelle expédition. — Les Noirs sont dispersés.— L'auteur est empoisonné............... 32

CHAPITRE V.

Disette dans la Colonie.—L'auteur part pour le Para. — Naufrage sur la côte de la Guyane Portugaise.— Indiens du Brésil. — Voyage à travers le pays. — Le Boa. — Arrivée chez les Portugais............. 43

CHAPITRE VI.

Angélina Rivéréda. — Amour et cruelle séparation. — Départ du Para. — La frégate Anglaise.— L'auteur est prisonnier et conduit au Cap de Bonne Espérance. — Le capitaine Suédois. — Singulier moyen d'évasion. . 51

CHAPITRE VII.

Histoire du capitaine Valterstrom............ 63

CHAPITRE VIII.

Madagascar. — Départ pour Saint-Barthélemy. — Souffrances et privations. — Mutinerie appaisée. — Rencontre d'un Corsaire. — Reconnaissance en mer. — L'auteur change de vaisseau et de route........ 112

CHAPITRE IX.

Capture d'un navire Portugais. — Angélina retrouvée. — Générosité d'un Corsaire. — Histoire du capitaine Ferrarès.................... 122

CHAPITRE X.

Arrestation du capitaine Ferrarès. — Débarquement à Cayenne. — Négociation avec le Gouverneur.— Mort de Ferrarès. — Jalousie de Géraldo.......... 138

CHAPITRE XI.

Marie-Rose. — Dîner chez le Gouverneur. — Anxiétés.

TABLE DES CHAPITRES. 305
Pages.
— Grande réunion. — Reconnaissance. — Evanouissement d'Angélina. 142

CHAPITRE XII.

Le Portugais jaloux. — Rendez-vous — Tristes et derniers adieux. — Départ d'Angélina. — Conclusion. 161

CHAPITRE XIII.

Nègres libres. — Le baron Dockwitz. — Anecdotes sur ce colon. — La Franchise, Maison de correction. — Comment les Noirs y étaient traités. 168

CHAPITRE XIV.

Détails sur le Gouvernement de Cayenne. — Projet d'armer les nègres. — Opposition de la garnison et des habitans. — Acte de vigueur. — L'auteur part pour Sinnamary 177

CHAPITRE XV.

Arrivée à Sinnamary. — Ordre d'arrêter l'auteur. — Petite guerre. — Capture du commandant Frey. — Désagrémens du séjour de Sinnamary. — Embarquement du Gouverneur par l'assemblée coloniale. — Retour à Cayenne. 189

CHAPITRE XVI.

Retour de Jeannet à Cayenne. — Arrivée de Collot-d'Herbois et Billaud-Varennes. — L'auteur envoyé en France avec une mission importante. — Traversée périlleuse, tempête. — Rencontre d'un navire Prussien. 201

CHAPITRE XVII.

Arrivée à Rochefort. — Mission contrariée. — Départ pour Gorée. — Débarquement à la côte d'Afrique. —

20

Achat de cinquante dents d'éléphant. — On met à la voile pour l'Amérique. — Craintes très-fondées. . . . 212

CHAPITRE XVIII.

Rencontre de trois frégates Anglaises. — Combat naval. — Le bâtiment Français est pris. — L'équipage à bord des Anglais. — Traitemens inhumains exercés sur un des prisonniers. — Changement de situation. . . . 221

CHAPITRE XIX.

Incendie en mer d'une frégate Anglaise. — Héroïque résignation des prisonniers Français. — Arrivée à Philadelphie. — Le capitaine Moërner. — Projet d'évasion. . . 230

CHAPITRE XX.

Voyage des Etats-Unis à la Guadeloupe. — Hospitalité généreuse d'un Colon. — La Créole. — Départ pour la Basse-terre 241

CHAPITRE XXI.

L'espion supposé. — Entrevue avec V. H. Gouverneur de la colonie. — Mise en surveillance. — Le capitaine Lesage. — Eclaircissemens qui amènent un résultat satisfaisant. , . . 250

CHAPITRE XXII.

L'habitation de M. Lesage. — Seconde visite au Gouverneur. — Prise du capitaine Moërner. — Générosité singulière. — Particularités sur V. H. 260

Notes de l'Editeur. 271

FIN DE LA TABLE.

www.ingramcontent.com/pod-product-compliance
Lightning Source LLC
Chambersburg PA
CBHW060412170426
43199CB00013B/2106